음식 이야기

한 미각 탐험자의 별미의 과학

차례
Contents

프롤로그

음식과 문화에 대한 이런저런 이야기들을 듣고 고민하는 일은 늘 즐겁고 흥미롭다. 음식과 관련된 이야기들이 늘 매력적으로 느껴지는 이유는, 식문화처럼 접근하는 방법이 다양한 분야도 없다는 생각이 들기 때문이다. 음식을 만드는 방법, 즉 레시피에 대한 궁금증이 있을 수 있고, 맛난 음식을 멋지게 차려내는 음식점에 대한 관심일 수도 있으며, 건강에 대한 관심에서 크게는 한 음식의 문화·역사적 배경이 궁금해지는 단계까지 사람들의 시각과 관심의 방향에 따라 전혀 다른 재미있는 결과물이 나오는 게 음식 동네에서의 풍경이다.

유행에 민감한 패션과 마찬가지로 음식도 유행을 탄다. 요즘처럼 먹거리에 대한 사람들의 관심이 갑자기 커진 적도 없는 것 같다. 이것은 단지 시작에 불과하며, 앞으로 사람들이 미각에 대해 혹은 음식과 관련해 건강을 추구하는 분위기는 한동안 계속될 것이라 본다. 우스갯소리로 '알약'으로 식욕을 해결하는 그런 시대가 오기 전까지는 말이다. 그런 관심을 바탕으로 이 책이 나올 수 있었다고 믿는다.

앞서 말한 대로, 음식이란 그 접근법과 시각이 사람마다 너무나 다른 분야이다. 이것저것 따져 먹을 수도 있지만, 한없이 무지한 상태에서도 즐거이 먹을 수 있는 것이 음식이다. 하지만 누구에게나 절대적으로 필요한 생존의 바탕이 되는 것 또한 음식이다. 그래서 음식은 대중적 보편성을 가진 흥미진진한 소재이다. 이 책을 준비하면서 가장 먼저 시작한 고민은 '우리에게 의미 있는 음식은 과연 어떤 것일까?'라는 점이었다. 역사와 문화를 등에 업고 꾸준히 이어져온 한 음식 혹은 그 문화 안에는 분명 어떤 메시지가 있으리라는, 어설픈 미각 탐험자의 바람에서 시작한 것이라 여겨도 좋다. 늘 먹어왔지만 미처 생각해보지 않았던 음식의 깊은 속내를 들여다보면 재미있는 자연의 법칙을, 혹은 맛과 건강의 해법을 찾을 수 있지 않을까 라는 바람.

첫 장 「음식으로 마음을 다스린다―사찰음식」편은 나와 다른 삶에 대한 호기심에서 비롯한 이야기이다. 나 같은 속세의 사람처럼 음식을 필요로 하지만, 전혀 다른 목적과 기준을 가진 또 다른 사람들의 음식 이야기. 소설가들이 이방인의 삶에 관심을 가지듯 스님들의 음식은 참으로 극적인 소재이다. 사찰음식은 지금처럼 병든 음식의 시대에 시사하는 바가 크다. '채우기 위해 먹는 것이 아니라, 비우기 위해 먹는다'라는 철학은 여러 가지 음식을 논함에 있어서 가장 무게가 실리는 대목이었다. 사찰음식의 맛 또한 빼어난 부분이 있지만, 사유의 깊이가 담긴 음식 이야기를 할 수 있는 유일한 대목이라 여겨졌기 때문에 더욱 의미가 있다.

두 번째 장인 「음식의 색깔이 건강을 부른다」편은, 무심코 먹어왔던 평범한 음식들의 색깔 속에 건강의 힌트가 숨겨져 있다는 이야기이다. 식재료 안의 붉은색, 녹색, 노란색, 검정색 등이 각각 특정한 영양학적 성분을 함유하고 있으니 대자연이 시각적으로 명쾌하게 제시한 영양학적 코드에 따라 건강의 척도로 삼을 수 있다는 내용이다.

세 번째 「음식은 섹시하다」편은 음식을 전혀 다른 시각으로 바라봄으로써 음식 문화에 대한 흥미를 유발하고자 했다. 섹시한 이미지를 음식과 결부시킴으로써 음식을 그저 평면적으로 볼 것이 아니라, 얼마든지 다채로운 상상력을 발휘할 수 있는 소재임을 부각시키고 싶었다. 결국은 우리의 성생활과 밀접한 관련을 가진 식품 정보가 핵심이면서, 맛깔스런 음식이야말로 가장 섹시하다는 결론에 이른다.

네 번째 「술 마시며 건강해지기－프렌치 패러독스」편은 막연히 좋다고만 알려진 와인에 대한 이야기를 짚어보고자 했다. '술＝건강?'이라는 역설적 공식이 성립되는 재미난 소재이다. 특히 우리 음식과도 잘 어울리는 와인에 대한 정보도 함께 담아 우리 음식이 늘 화두의 중심에 있음을 잊지 않았으면 했다.

다섯 번째 「음식이 인간의 생명을 연장한다— 장수식품」편은 음식이라는 화두에 있어 만인 공통의 화제인 '건강'과 '장수'에 대한 이야기이다. 실제로 세계적인 장수촌 사람들의 식생활은 어떠한지, 어떤 음식이 인간의 수명에 적극적으로 작용하는지 소개했다. 아마도 음식이라는 소재를 다룸에 있어 가장 핵심적인 내용이 아닐까 한다.

여섯 번째 「인간이 태어나 처음 접하는 음식— 모유」편에서는 모유를 엄연한 음식, 즉 인간이 태어나 가장 먼저 먹게 되는 음식으로서 다루고자 했다. 그저 막연히 좋다고만 알려진 비식품적인 물질이 아니라, 평생 건강을 좌우하는 건강식품으로서의 모유에 대한 이야기이다. 모유의 가치를 바로 알아야 진정 건강한 미각을 가진 미식가가 자라날 수 있기 때문이다.

일곱 번째 「자연스런 채식 중심의 식문화— 한식」편은 다소 과소평가되어 있는 우리 음식 문화에 대한 성찰에서 기획했다. 한 요리연구가가 말하길, 한식은 어느 음식보다도 싸게 한 끼를 해결할 수 있는 음식이란 인식 때문에 오히려 국내에서 경쟁력을 갖기 힘들다고 심정을 털어놓기도 했다. 하지만 지금이야말로 한식의 가치를 제대로 소개할 시기라고 생각한다. 식문화에 대한 적극적인 관심이 생기기 시작한 이즈음 한식을 하나의 음식 문화, 특히 건강 식문화로서 소개하기에 적기라는 생각이다. 그래서 우리가 늘 먹어왔지만 미처 인식하지 못했던 한식의 가치 그리고 그 매력에 대해 목소리를 내고 싶었다. 언젠가는 당당하게 동양을 대표하는 음식으로 충분히 세계에 선보일 만하다는 믿음이기도 하다.

마지막으로 이 모든 음식에 대한 정보는 식품과 건강에 대한 많은 학자들의 연구와 저서 그리고 식문화계 탐험자들의 지식에 바탕을 둔 것임을 일러두고 싶다. 그저 식도락적인 차원 이하로 덮여 있을 수도 있었던 음식의 깊은 속내 이야기를 체계적으로 정리해둔 수많은 저서들과 선각자들의 큰 도움이 이 책의 바탕이었다.

음식으로 마음을 다스린다 - 사찰음식

　사람들의 삶은 갈수록 편리해진다. 각자의 주머니 속에는 배터리가 충분히 장전된 핸드폰이나 PDA 같은, 누군가와 바로 커뮤니케이션할 수 있는 장치들을 휴대하고 있다. 찻집에서의 한가로운 만남이 아니더라도 우리는 직접 얼굴을 보지 않고도, 혹은 목소리조차 듣지 않고도 서로의 생각을 빠르게 공유할 수 있는 시대를 살고 있다. 전화 한 통으로 집의 보일러를 켜고 목욕물을 받아 놓는 인텔리전트 아파트 같은 개념도 도입되고 있는 요즘이다.

　이렇게 점점 편리하게 돌아가는 시대를 살아가는 우리는 과연 행복한가? 인공人空의 삶이 너무나 빠르게 다가오고 있다는 불안감에 사람들은 각종 최신형 모델에 열광하면서도 모

순된 꿈을 꾼다. 자연과 사람이 가까이 지내는 삶, 청아한 공
기와 커다란 나무가 있는 자연 속의 삶을 그리워하는 꿈.

언제부턴가 농촌에서의 생활을 체험하는 '팜 스테이farm
stay'에 이어 '템플 스테이temple stay'라는 말이 들려온다. 사람
들은 마음 속 고향을 떠올리기라도 하듯 산사에서의 하룻밤을
위해 휴가를 투자하기 시작했다. 산사의 음식과 생활방식을
통해 도시와 일상의 삶에서 늘 목말라하던 것을 채우는 것. 어
렸을 때 어머니를 따라 사찰의 향내음을 맡으며 느꼈던 편안
함, 목탁 소리를 따라 돌던 아담한 석탑, 연잎이 동동 떠 있는
자그마한 못 그리고 식판에 담아 주시던 심심한 맛의 음식들
은 여전히 불가의 터에 남아 있다. 사람들은 자연에 감사하고
그 순리를 거스르지 않고 살아가는 사찰의 삶의 방식을 그리
워하기 시작했다.

오신채

군이 '템플 스테이' 프로그램을 체험하지 않아도 여행의 좋
은 기억처럼 사찰음식에 대한 경험을 한두 번쯤 가지고 있으
리라. 사찰의 밥 인심은 후하기로 유명하다. 사찰음식은 단지
배고픔을 채우는 일상의 음식이 아니라, 입으로 느끼는 산사
의 삶임을 알아야 한다. 밥그릇을 꽉꽉 채우는 기쁨보다는 완
전히 비움으로써 세상에 감사하고 자신의 수양을 쌓는 일. 먹
는 일로도 수양을 한다는 불가의 믿음은 크나큰 가르침이 아

닐 수 없다. 이러한 사찰음식은 대승불교를 믿는 나라에서 볼 수 있다(소승불교에서는 여전히 음식을 탁발한다고 한다). 사찰음식 재료의 특징은 우유를 제외한 동물성 식품을 사용하지 않는다는 것이다. 육식은 불교의 윤회사상을 바탕으로 해 '자비의 종자가 끊어진다' 하여 먹지 않는다. 또한 식물 중에서도 불가에서 멀리하는 음식이 있으니, 이를 특별히 '오신채五辛菜'라 한다.

오신채란 '다섯 가지 매운 채소'로 파, 마늘, 달래, 부추, 흥거를 이른다. 이는 고요한 산사에서 마음의 수양을 쌓는 일에 방해가 되는 음식, 자극성이 있는 채소들이다. 날로 먹으면 성내는 마음을 일으키고, 익혀 먹으면 음심淫心을 일으켜 수행을 방해하기 때문이다. 속가의 사람들은 이들 채소를 한국 음식 맛의 핵심이라며 얼마나 호들갑스럽게 즐겨 먹는가. 문득 사찰음식의 담박삼삼한 맛이 이들 오신채를 경계하는 것에서 비롯하는 것인가 짐작도 해본다.

마늘은 일찍이 고대 이집트에서 피라미드를 짓기 위해 동원된 노예들에게 체력을 유지시키기 위해 먹였다고 할 만큼 대표적인 '힘'의 음식이다. 부추는 철분이 듬뿍 들어 세포에 활력을 불어넣어 주는 음식으로 널리 알려져 있다. 하지만 그 숨은 진면목은 '양기초'라는 별칭에서처럼 음욕을 자극하는 작용에 있다. 파는 코를 자극하는 강한 향을 가지고 있는데, 꾸준히 먹으면 혈액순환이 원활해지면서 기운이 난다고 하여 사찰에서는 금하는 식재료이다. 흥거는 마늘 향이 나는 풀인데 우리나라에서는 나지 않는다고 한다.

중국에서는 이러한 오신채와 관련된 풍습이 있다. 음력 정월에 오신채를 먹으면 1년 내내 전염병을 예방한다고 믿는다. 이 풍습에서의 오신채는 부추, 염교(부추와 비슷한 채소), 파, 마늘, 생강으로 불가에서 금하는 오신채와는 조금 다르지만, 비슷한 성질의 채소가 불가와 민가에서 이렇게 다른 의미로 쓰인다는 사실이 재미있다. 수양을 그르친다 하여 금하는 음식을 오히려 즐겨 먹는 속가의 사람들은 분명 스님들과 신체적·정신적으로 다르다. 사람들은 허해진 몸에 양기가 필요하다며 마늘을 최고의 강장제로 여겨 약으로까지 만들어 먹지 않는가. 취하는 음식의 기본과 자세가 이렇게 다르니 그 추구하는 삶의 근원은 어떠하겠는가.

공양하다

사찰음식을 들여다보면, 요즘 우리가 먹어야 할 음식과 딱 맞아떨어진다는 생각을 절로 하게 된다. 그 맛을 떠나서 일체 인공 조미료를 쓰는 일이 없으며, 다양한 채식을 한다는 점, 특히 숲에서 얻을 수 있는 낯선 이름의 건강채소들이 사찰음식에는 가득하기에, 인공의 힘을 빌려 자라난 채소들과 비할 바가 안 된다. 또한 과식하는 법 없고 자극적인 향을 쓰지 않으니, 말 그대로 배를 적당히 채우되 음식에 대한 과도한 집착에서 멀어지는 그런 음식이다.

‘공양’이란 공경하는 마음으로 부모나 스승, 조상, 이웃 등에게 향, 등, 음식처럼 필요한 것을 올리는 일을 말한다. 불가에서 좁은 의미로는 ‘밥을 지어 올리거나 먹는 일’도 ‘공양한다’는 말로 쓰인다. 어떤 음식을 먹느냐의 문제보다 ‘마음가짐으로 음식을 먹는다’는 자세이다. 좋은 향을 정성껏 부처님 앞에 올리듯, 좋은 음식을 먹는 일 또한 공덕을 쌓는 일인 셈이다. 단순한 채식이나 자연식이 아니라, 음식으로 마음의 수양까지 쌓는 사찰의 음식은 어떤 것들일까. 공해와 인공의 삶에 지친 몸에 수양하는 자의 음식은 맑은 풍경소리 같은 울림이 되지 않을까.

사찰음식의 기본이기도 한 ‘전체식’, 즉 하나도 버리는 부분 없이 먹기 위해 나물 데친 물로는 국을 끓이고 표고버섯 불린 물로는 찌개를 끓인다. 사찰에서 국을 끓일 때는 된장이 기본으로 많이 사용된다. 여기에 다시마, 표고버섯, 능이버섯, 들깨즙 등으로 맛을 내기도 한다. 찌개에는 방하잎, 재피가루 등을 넣기도 한다. 생선이나 고기 육수를 쓸 일이 없으므로 자연히 천연 조미료가 발달하였다. 버섯가루, 다시마가루와 잎, 재피가루와 잎, 방아잎, 들깨가루와 들깨국물, 날콩가루, 말린 참죽순 등이 대표적인 사찰식 조미료이다. 속가에서도 본받아 응용해봄 직한 방법이다.

무침에는 날로 무치거나 삶아 무치기, 기름에 볶아 무치는 방법이 있다. 차를 마시고 남은 잎을 꼭 짜서 만드는 녹차잎 무침이나 민들레잎, 재피잎처럼 속가에서 많이 쓰이지 않는

재료들이 많다. 이들 채소는 평범한 채식보다는 약선식으로 응용할 수 있는 식품들이 대부분이다. '스님 노릇을 잘 하려면 많이 먹어라'고 일컬어지는 고수는 성적 에너지를 영적 에너지로 바꿔주는 역할을 한다고 하며, 마는 소화불량이나 위장장애에 좋고, 머위는 몸 안의 독소를 없애준다. 또 기관지염 등에 효험 있는 더덕, 무병장수의 풀로 통하는 질경이, 독특한 향의 방아잎, 쌉쌀한 맛으로 입맛을 돋우는 씀바귀, 국수와 떡국을 끓일 때 좋은 참죽나무 줄기와 부침용의 새순, 그 쓴맛이 위염이나 위궤양을 치료하고 꾸준히 달여 마시면 신경통을 치료한다는 민들레, 정신적인 피로를 풀어주고 혈당을 떨어뜨리며 허기를 막고 신장 기능을 강화시켜주는 두릅, 오장의 나쁜 기운을 몰아내 심신의 안정을 주는 씀바귀 그리고 양하, 신선초, 질경이 등도 속가에서는 평범치 않게 보이는 약용식물로서 사찰에서 자주 먹는 채소로 꼽힌다.

그리고 사찰의 김치는 특히 속가의 것과 구별된다. 오신채에 속하는 파, 마늘, 부추를 넣지 않으며 동물성 재료인 액젓도 쓰지 않는다. 소금이나 된장, 간장 등으로 맛을 낸다. 이렇게 김치의 주요 재료를 빼고도 과연 김치 맛이 제대로 날까? 사찰식 김치를 한번 맛보면 생각 이상으로 시원하면서 깔끔한 김치 맛에 입맛이 솔깃해질 것이다. 소금, 고춧가루, 생강을 주로 쓰는데, 오히려 사찰의 김치가 양념이 과하지 않으면서 맛깔스럽다고 할 정도이다. 사찰에서는 마치 한 접시의 요리를 먹듯 김치를 많이 먹는다. 배추김치나 열무김치, 총각김치

외에 콩잎김치, 홍시배추김치 등 별미김치도 담가 먹는다. 열무는 다시마로 맛을 내 물김치로 먹거나, 국물 없이 김치로 담그기도 한다.

한겨울에도 채소의 영양분을 부족함 없이 채울 수 있도록 김치와 함께 장아찌 같은 저장음식이 발달했다. 간장, 된장, 고추장에 담가 맛을 들인다. 두부장아찌, 가죽나무순장아찌, 도라지장아찌, 깻잎장아찌, 콩잎장아찌, 김장아찌, 재피잎장아찌, 산초장아찌, 오이장아찌 등이 대표적이다. 특히 독특한 사찰식인 두부장아찌는, 먹다 남은 두부를 노릇하게 구워 잘게 잘라 간장에 둥둥 띄우거나 된장에 박아두고 몇 년 동안 먹기도 한다.

채소가 풍부한 시절에는 버섯 등을 듬뿍 넣은 쌈장을 곁들여 쌈을 해먹거나 전으로 부쳐 먹기도 한다. 무전, 옥잠화 꽃봉오리전, 차조기전, 죽순전 등은 사찰에서나 맛봄 직한 별미이다. 전은 달걀을 사용하지 않고 보통 밀가루 반죽을 씌워 철판에 기름을 두르고 지져낸다.

튀김은 재료를 통째로 손질 없이 튀기거나 튀김옷을 입혀 튀긴다. 튀김옷을 입혀 튀기는 것들은 다시 둘로 나뉘어 밀가루 또는 찹쌀풀을 입힌다. 밀가루 반죽을 하는 것은 튀겨서 금방 먹을 것이고, 찹쌀풀을 발라서 말려 두었다가 튀기는 것은 오래 두고 먹을 것이다. '부각'이라고 하여 사찰의 중요한 저장식품이자 에너지 공급원으로, 채식을 하는 스님들이 열량 부족을 해결할 수 있는 중요한 음식이다. 김, 풋고추, 들깻잎

부각, 가죽잎, 국화잎, 찻잎, 다시마, 감자 등의 재료를 이용해 가을에 갈무리해둔다.

나물에 찻잎을 즐겨 쓰는 데서 알 수 있듯이, 사찰에서의 의례행사와 함께 다과문화도 발달하였다. 약과나 산자, 강정처럼 밀가루나 쌀가루를 기름, 꿀, 술로 빚어 기름에 지지고 튀기는 유밀과, 사과나 도라지 등을 물엿에 끓여 말리는 정과 등을 부처님께 공양하는 것이다. 이는 차와 함께 어울리는 한과를 내어 손님을 대접하는 문화로 발전하였다.

사찰음식이 남긴 것

스님들이 평소 식사하는 것을 '발우공양鉢盂供養'이라고 한다. 발우란 스님들의 그릇을 뜻하는데 국그릇, 밥그릇, 청수그릇, 찬그릇의 네 가지로 작은 그릇이 큰 그릇 안으로 들어간다. 행자가 청수물을 돌리면 그릇을 헹구는 것으로 식사를 시작하고 식사가 끝날 때도 물로 헹구어 남은 음식을 모두 먹은 후 청수물로 그릇을 헹구어 정리한다. 고작 네 개뿐인 그릇 중 하나가 닦아내고 비워내는 것을 위한 용도로 쓰이니 그 마음의 자세를 읽을 수 있다. 자기의 그릇은 자기만이 쓸 수 있도록 하는 청결함과 모든 이가 공평하게 나누어 먹는다는 평등사상도 이 안에 담겨 있다. 특히 쌀알 하나도 그것을 지어낸 이의 공덕을 헤아려 버림이 없도록 하는 마음은, 음식으로 배보다 정신과 마음을 채우는 스님들의 수양덕목이다.

　사찰음식을 들여다보면서 '속가의 사람들은 너무 과하게 먹고 있는 것은 아닐까'라는 생각을 해보게 된다. 배를 채울 기름지고 맛난 음식이 얼마나 담겨 있는가를 중심으로 하는 우리의 접시와, 그릇을 말끔히 비움으로써 마음의 수양까지 쌓아가는 스님의 발우. 문득 속가의 삶이 넘치도록 풍요롭고 기름져 쾌락적이라는 생각이 든다. 도시가 점점 삭막해지고 사람들이 마음의 병을 얻는 것, 그것은 넘쳐도 아까운 줄 모르고 늘 새롭고 자극적인 것을 가치 있다고 여기는 마음에서 비롯한 것은 아닐까. 또한 살펴보았듯이 약용의 식물을 적극적으로 식생활에 반영하고 천연의 조미료로 영양과 함께 맛까지 더하는 자연스런 식생활 방식은 속가의 사람들이 적극적으로 본받아야 할 덕목이다. 정갈하지 못한 음식으로 돈벌이를 챙기는, 청정음식이 간절한 이 시대를 살고 있는 속가의 사람들 아닌가. 입을 통해 맛보는 사찰음식만으로 스님의 고된 수행과 깊고 긴 수양의 깊이를 다 헤아릴 수는 없다. 하지만 우리가 반만 채우고 깨끗이 비워내는 법만이라도 배울 수 있다면, 스님의 그 담박한 해탈의 지혜를 쌀톨만큼이나마 닮을 수 있지 않을까.

음식의 색깔이 건강을 부른다

사람들이 상대의 취향을 파악하기 위해 자주 던지는 질문이 있다. 혈액형이 무엇인지, 어떤 음식이나 영화를 좋아하는지, 혹은 어떤 색깔을 좋아하는지 등등. 노란색을 좋아하면 지능이 낮다는 둥, 보라색을 좋아하는 사람은 미치광이 기질이 있다는 둥 색깔과 관련해 증명되지 않은 수많은 농담들로 이어진다. 하지만 음식의 색깔에도 숨겨진 이야기가 있다는 것을 알고 있는지? 이제부턴 "어떤 음식을 좋아하세요?"라는 질문도 좋지만 "어떤 색깔의 음식을 좋아하세요?"라는 질문도 던져보자. 그리고 "아, 붉은 색깔 음식은 우리의 심장과 아주 깊은 관련이 있지요"라며 대화의 물꼬를 트는 것은 어떨까? 상대의 건강에 도움이 되는 색깔의 음식을 추천해주는 센스를 발휘할 수도 있는 일이다.

오색 음식으로 오장을 보호한다

음식은 크게 다섯 가지 색 —빨강, 하양, 검정, 녹색, 노랑으로 분류할 수 있다. 그리고 그 색깔에 따라서 우리의 오장에 작용하는 바가 각각 다르다. 붉은색은 심장, 흰색은 폐, 검정색은 신장, 녹색은 간장, 노란색은 위장에 작용한다고 한다. 한의학에서는 우리 몸의 오장五臟을 보호하기 위해 이렇게 각기 다른 다섯 가지 색의 약재를 처방했다. 붉은색 식품은 순환기 기관인 심장과 흡수기관인 소장을 치료하기 위해, 흰색 식품은 폐와 배설기관인 대장에, 검정색 식품은 배설과 생식을 담당하는 신장, 방광 그리고 생식기의 질환에 처방하였다. 또 녹색 식품은 간장을 보호하기 위해 이용하고 노란색 식품은 소화기관인 위장의 치료를 위해 사용한다.

대표적인 붉은색 식품으로 꼽을 수 있는 토마토는 혈액을 맑고 깨끗하게 만든다. 그래서 심장에 생기는 병을 예방할 수 있으며 항암 식품으로도 각광받는다. 붉게 잘 익은 토마토는 고혈압이나 동맥경화증 등에 좋은 비타민 P가 많이 들어 있어 심장병 환자들에게 가장 많이 권하는 음식이다. 이 비타민 P는 모세혈관을 강화해주어 심혈관계에 작용하기 때문이다. 또한 대추, 오미자, 구기자 등의 붉은색 식품도 심장과 혈관에 힘을 불어넣어 주어 혈관계 질환을 치유하는 작용을 한다고 한방에서 말한다. 민간요법에서도 심장이 약한 사람을 위해 대나무잎에 대추 한 줌을 넣어 달여서 장기간 복용시켰다고 한다.

흰색 식품은 폐와 기관지에 작용한다. 아이가 심하게 기침을 하고 감기가 잘 떨어지지 않을 때 도라지를 먹이면 좋다. 원래 약용식물이던 도라지의 한약재로서의 이름은 '길경桔梗'으로 흔히 말린 도라지를 말한다. 우리 음식에는 원래 약재였던 것이 식용화한 것이 매우 많은데 도라지도 그 한 경우이다. 도라지 속에 들어 있는 '사포닌'이라는 성분이 진해거담 작용을 하는 것. 도라지는 성질이 따뜻하면서 독이 없고, 폐를 맑게 해주며 기관지에 좋다. 또한 가슴이 답답한 증세를 풀어준다고 한다. 따라서 폐병이나 기침 환자에게 도라지는 가장 요긴한 음식이자 약이다. 민간요법에서도 역시 흰색 식품인 배즙이나 무즙을 기침을 멎게 하기 위해 먹이는데 실제로 효험을 봤다는 경우가 많다.

녹색 식품, 즉 녹색식물의 엽록소는 간장과 쓸개에 작용한다. 간장의 피로를 풀어주는 기능을 하면서 쓸개와 위장에도 영향을 주기 때문에 위산과다증, 위궤양에도 효과가 있다고 한다. 시금치나 파슬리, 쑥, 양배추 등으로 만든 녹즙은 간의 피로를 풀어주고 몸에 활력을 주기 위해 많은 사람들이 챙겨 먹는 음식이 된 지 오래다. 엽록소는 인체의 조직 구석구석에 작용하여 피로를 풀어주며, 체세포의 기능을 강화하여 질병에 대한 자연치유력을 높이는 만큼 늘 가까이 두고 상용해야 한다.

피부를 맑게 해주는 것은 물론이다.

　노란색 식품은 특히 위장병 환자에게 좋다. 노란색 토종닭은 소화 기능이 약한 사람들에게 좋으며, 호박죽이나 노란 벌꿀은 소화 기능을 개선시켜 만성 위장병 환자에게 효과적이라고 한다.

　마지막으로, 검정색 식품은 한방에서 신장과 관계 있는 음식으로 통한다. 검정콩과 오골계는 특히 신장 기능에 크게 기여하는 식품이다. 검정색 닭인 오골계는 살이나 내장은 물론 뼈까지도 검정색으로 그 고기 맛이 순하고 담백하다. 오골계는 검정색 식품의 주요 기능처인 신장뿐 아니라 간장도 튼튼하게 만들어주는 작용을 한다. 이는 보통 닭이 오행의 법칙에 따라 분류했을 때 목木에 해당되는 반면, 오골계는 수목水木의 성질을 지녔기 때문이라고 한다. 남자에게는 암탉, 여자에게는 수탉이 좋다고 한다.

　검정콩은 몸속의 독을 없애는 작용을 하면서 남성들의 정력에도 좋다고 전해진다. 검정콩 메주와 검정깨를 섞어 꾸준히 복용하면 특별한 신체 기관의 이상이 없는 성기능 장애에 효험이 있다고 한다. 또 흑염소나 숙지황 등은 신장과 방광, 생식기에 활력을 준다.

　게다가 이들 검정 식품은 최근 가장 주목받고 있는 음식이라 해도 과언이 아니다. 검정콩, 검정깨 등 식물성 '블랙푸드'는 건강 컨셉트에 맞춘 상품으로 개발되어 인기를 누리고 있다. 이는 블랙푸드 열풍과 함께 다음에서 자세히 다루고자 한다.

검정색, 블랙푸드의 열풍

음식들의 색깔을 쭉 둘러보다 보니 가장 '맛없어 보이는' 색이 검정색이다. 사실 새까만 색의 음식은 그다지 구미를 당기지 않는다. 그럼에도 검정콩, 검정깨, 검정쌀 같은 검정색 식품이 최근 인기를 끌고 있는 이유는 무엇일까?

검정색 식품들에는 '안토시아닌Anthocyanin'이라는 색소 성분이 있다. 식품영양학자들은 꽃이나 과일, 곡류의 붉은색, 파란색, 보라색을 나타내는 수용성 색소인 안토시아닌이 항산화 작용 및 콜레스테롤 저하 기능이 뛰어나다는 사실을 알아냈다. 암과 궤양을 예방하는 데에도 탁월하다는 것이다. '검정색 식품은 인체의 원천적 에너지를 관장하는 신장 기능을 강화하고 허약체질을 개선한다'며 한의학자들도 검정색 식품을 주목하고 있다.

요즘 가장 주목받는 음식으로 꼽히는 블랙푸드인 검정콩, 검정쌀, 검정깨는 우리 몸에 어떤 작용을 하는 것일까. 일단 이들 검정 음식, 즉 검정빛의 안토시아닌 색소 식품은 암을 예방하고 노화를 억제하는 물질이 풍부한 것으로 알려져 있다. 밥에 넣거나 콩자반 등을 해먹는 검정콩은 대사를 촉진시키고 피를 맑게 해주며 각종 효소가 들어 있어 간과 신장을 해독해준다. 삶아서 물을 마시면 간과 신장에 작용하여 피가 맑아지고 혈관도 탄력이 생겨 기미, 주근깨가 없어지며 피부가 깨끗해진다고 한다. 또한 골다공증, 자궁암, 전립선암 예방 등에도 효과적인데, 이것은 '이소플라본'이라는 또다른 색소성분의 역할 때문이라고 한다. 이 검정콩은 일찍이 성악가들이 아름다운 목소리를 유지하기 위해 자주 복용했다고 하는데, 정신적인 스트레스 등으로 뒷덜미가 뻣뻣할 때 기분을 맑게 풀어주는 작용이 있다고 믿었다고 한다.

검정깨는 회복기 환자들이 '흑임자죽'으로 자주 복용하는 식품으로 지방산과 아미노산이 풍부하다. 소화 효소가 많아 위장을 매끄럽게 하며 탈모와 피부 건강에 탁월하다. 특히 뇌 기능 향상을 도와 성장기 어린이에게 좋다. 이는 우리 몸의 신진대사를 조절하고 지방을 운반하는 역할을 하는 레시틴이라는 성분의 작용인데, 특히 정신노동으로 뇌 속의 레시틴을 많이 소비하는 사람에게 검정깨가 들어간 아침식사는 매우 좋다.

그리고 비교적 최근 보편화된 검정쌀은 흰쌀보다 맛과 향이 구수해 인기가 높다. 이 검정쌀은 단백질과 지방, 비타민, 무기질 등 각종 영양소 함유량이 흰쌀보다 월등하다. 노화를 방지하고 피부 미용에 효과가 있으며, 인체의 면역 기능을 강화해준다고 식품학자들은 전한다. 검정색소 성분의 이들 세 식품은 공히 피부 미용에 탁월한 효과가 있으면서 질병 예방 능력 내지 항암 능력이 있다는 것 그리고 정신적 스트레스 등으로 인한 피로감을 풀어주는 역할을 한다는 것을 쉽게 비교할 수 있다. 현대인들을 괴롭히는 증상에 딱 맞는 약효를 발휘하는 음식이니, 이러한 블랙푸드 열풍이 전혀 터무니없는 일이 아님을 알 수 있다.

이 밖에도 블루베리 같은 블랙푸드는 북유럽 등지에서는 오래전부터 눈의 피로를 완화시켜주고 시력을 개선시켜주는 음식으로 사랑받고 있다. 또 새까만 수박씨 역시 폐를 맑게 해 가래를 없애고 변비에도 효과가 있으며 단백질, 칼슘, 무기질이 많다고 전해진다. 또 이탈리아 사람들은 오징어 먹물을 최고의 여름철 건강식품으로 평가했다. 오징어 먹물을 넣은 파스타나 리조또는 이탈리아 음식 중에서도 별미로 꼽힌다.

새롭게 각광받을 붉은색, 레드푸드

어쩌면 이미 사람들은 우리 몸에 좋은 음식이 무엇인지 본능적으로 알고 있는지도 모른다. 과거 농사로 생계를 이어가던 시절에는 논밭에서 '힘쓰는 데 좋은' 고칼로리의 음식들 - 고깃국, 쌀밥 등이 건강식으로 통했다면 요즘의 사정은 조금 다르니 말이다. 21세기의 사람들의 관심은 칼로리는 적어 살찔 걱정 없으면서 암을 예방해주며, 이왕이면 섭취를 통해 몸의 건강은 물론 정신적 스트레스까지 풀어지기를 바란다. 이를테면 최근의 웰빙well-being 열풍처럼 말이다. 이러한 붐을 타고 '웰빙 푸드'로 떠오른 식품은 바로 토마토이다. '토마토가 많이 나는 계절에는 의사가 한가하다'는 유럽의 속담도 있다. 토마토는 미국 시사지 『타임』에 의해 '21세기의 베스트 식품'으로 꼽히기도 했다. 이를테면 '레드푸드'로 규정할 수 있는 토마토, 그 붉은 색소에 답이 있다.

토마토는 다양한 효능을 가진 녹황색 채소로서 베타 카로틴, 리코펜, 비타민 C·E, 셀레늄, 식이 섬유 등과 같은 항암 성분이 풍부하다. 토마토의 붉은색은 리코펜lycopene이라는 성분 때문인데 이것은 항암 효과에 있어서 가장 중요한 성분이다. 당근 등에 많은 베타 카로틴에도 세포의 산화를 방지하고 발암을 억제하는 항산화 작용이 있는데, 토마토의 리코펜에는 이 베타 카로틴의 약 두 배 정도의 강력한 항산화 작용이 있음이 판명되었다. 붉게 잘 익은 것일수록 리코펜이 많기 때문에, 푸른색이 감도는 것은 완전히 빨갛게 익힌 다음에 먹는 것이 항암 효과를 위해 바람직하다. 또한, 나트륨의 배출을 촉진하는 칼륨도 다량 함유되어 있어 고혈압으로 고생하는 사람에게는 안성맞춤이다.

토마토는 예부터 고혈압 치료제로 쓰였으며 현재에도 고혈압, 당뇨병, 신장병 등 만성질환을 개선시켜 주는 식품으로 쓰이고 있다. 토마토에 들어 있는 식이섬유는 대장의 작용을 좋게 해 혈액 중의 콜레스테롤 수치를 낮추고 비만을 예방하는 데 효과가 있다. 그 때문에 토마토를 장시간 섭취하면 피부가 깨끗해지고 피부의 탄력도 생긴다.

토마토는 흔히 파스타 소스로 자주 이용되는데, 열에 비교적 강한 편이어서 가열 처리해도 리코펜의 손실량이 적을 뿐 아니라 오히려 열을 가할 경우에는 인체에 더욱 잘 흡수된다는 것이 미국 코넬대의 식품과학과 연구팀의 실험 결과 밝혀졌다. 또 지용성이기 때문에 기름에 조리했을 때 더 잘 흡수된다. 가열로 인한 영양소 파괴를 덜 걱정해도 되는 만큼 야채조림, 육류와 어류 요리 등 무궁무진한 레시피를 개발할 수 있다. 칼로리는 낮으면서 항암 효과가 뛰어나고 미용에 좋으며 자유로운 방식으로 영양소를 살려 요리할 수 있으니 현대인의 기호에 딱 들어맞는 레드푸드라고 할 수 있을 것이다.

이 밖에도 빨간 사과, 포도, 고추처럼 붉은색 껍질을 가진 과일과 채소는 유방암의 악화를 지연시키거나 예방한다는 식품학자들의 연구보고가 있다. 붉은 레드와인의 폴리페놀 색소 성분은 암과 노화를 방지하고 비만을 억제한다.

음식의 색깔은 시각적으로는 식욕을 자극하기도 하지만, 이렇게 구체적인 영양학적 성분을 뜻하는 시각적 표시이기도 하다. 식품 속에 함유된 자연 색소 성분 덕에 우리 몸의 증상을 비춰봤을 때 어떤 효과를 가진 음식물의 섭취가 필요한지 쉽게 알 수 있다. 몇 가지 음식의 색깔을 논하긴 했지만 건강의 지표로 삼아야 할 것은 '색깔이 화려한 음식이 몸에도 좋다'는 것이다. 붉은색 음식이 몸에 좋으니 붉은색 식품만을 많이 섭취하라는 뜻이 아니라 붉고, 푸르고, 노랗고, 검정색인 여러 가지 식품들을 한 끼 식사 안에서 골고루 섭취해야 한다는 것이다. 다채로운 색깔의 식품으로 차려진 무지개 색깔 밥상이야말로 최고의 건강 밥상이다.

음식은 섹시하다

'섹시sexy하다'는 말이 최고의 찬사로 통하는 시대를 살고 있다. 사람들은 멋진 옷차림, 잘 나온 헤어스타일, 매끈한 매너에 섹시하다는 말로 칭찬을 퍼붓고, 어느 누구도 그 칭찬의 속내를 의심하지 않는다. 그저 '나도 닮고 싶을 만큼 멋지다'라는 다른 표현이 된 요즘이다.

그런데 음식이 섹시하다는 말은 어떠한가? 맛있어 보이는 음식 앞에서 '섹시한데!'라고 찬사를 던진다면 아마도 좌중을 웃음바다로 만들지도 모른다. 그럼에도 감히 "음식은 섹시하다, 아니 음식은 사람을 섹시하게 만든다!"라고 말하고 싶다.

사실 '먹는다'는 행위와 '사랑한다'는 행위는 전혀 관련의 여지가 없는 듯한 단어였다. 하지만 언젠가부터 우리는 두 단어의 야릇한 연관성에 귀가 솔깃해지고 말았다. 그것은 현재 식품업계에서 가장 전략적으로 내세우는 마케팅법이기도 하다. 전 세계를 상대로 한 마케팅에 성공한 코카콜라의 유리병이 여인의 바디라인을 따라 디자인되었다는 것은 이미 알 만한 사람은 다 아는 사실이다. 착 달라붙는 '손맛'은 여인의 허리를 감싸쥔 듯한 야릇한 느낌을 주었고, 콜라의 맛 역시 이러한 발상과 더불어 왠지 섹시한 느낌을 주었다는 것을 부정하지 못하리라. 이 콜라병은 1915년 이후 지금까지 코카콜라의 상징이 되고 있는데, 원래는 미국의 한 가난한 농촌총각이 자신의 여자친구의 몸매에 착안해 만든 것이라고 한다.

음식이 가진 관능의 코드를 가장 인상적으로 활용했던 영화가 있다. 애드리안 나인 감독의 「나인 하프 위크」에서의 그 기막힌 장면들. 체온에 의해 녹아 물방울이 똑똑 흐르는 얼음으로 연인의 육체를 자극하거나, 눈을 가린 채 연인이 떠먹여주는 차가운 아이스크림을 입으로 받아먹는 모습. 달콤하고 부드러운 아이스크림을 갈구하는 연인의 모습은 화수분처럼 끝없이 솟아오르는 욕망을 반영한다. 그리고 송곳같이 차디차던 얼음은 어느새 뜨거운 체온을 흡수해 육체를 향해 한 방울씩 유혹을 던진다…….

사실 콜라, 얼음, 아이스크림이 물리화학적인 힘으로 인간의 성적 욕망을 자극하는 음식은 아니다. 이미지와 결합하여 엄청난 성적 에너지를 발산하고 있을 뿐이다. 하지만 실제로 '먹는다'는 행위를 통해 우리의 리비도를 자극하는 음식이 있다. 목적의식적으로 섭취함으로써 타고난 성적 에너지를 풍부하게 하는 음식. 그래서 음식이란 어쩌면 가장 솔직담백하게 인간의 성적 욕망을 전달할 수 있는 유일한 존재일지도 모른다. 때문에 음식은 섹시하고 엉큼하다.

제 몫을 하는 귀한 식재료

굴

"나는 늘 쾌락을 숭배하는 일을 중요하게 생각해왔다. 그보다 더 중요한 일은 있을 수 없었다. 나는 늘 여성을 위해 태어났다고 생각했다. 그러했기에 내 능력이 닿는 한 모든 여성을 사랑했고, 또 수많은 여성의 사랑을 받았다. 식사의 기쁨 또한 열정을 다해 사랑했다"라며 온갖 쾌락의 세계를 탐식해온 18세기 희대의 인물 카사노바. 카사노바는 치즈에 관한 미식서적을 준비했을 만큼 미식가였고, 아름다운 여인들과 다채로운 식재료로 차려진 사랑의 식사를 즐겼다. 그런 그가 매일매일 굴을 50개씩 챙겨 먹었다고 한다. 보기만 해도 물컹거리는 듯한 욕망이 느껴지는 굴은 서양에서는 대표적인 '사랑의 음식'으로 꼽힌다. 굴을 먹는 행위는 공공연한 사랑의 유희처럼 인식된다. 생굴을 껍질에서 끌어내 후루룩 마시는 여인의 입술은 묘하게 클로즈업되어 음탕하게 묘사되기도 한다. 굴이 최음제로서 빠지지 않는 음식임은 의학적으로도 증명된다. 굴속에 들어 있는 요오드, 인, 아연 등 풍부한 미네랄이 성적 에너지를 활발하게 자극하기 때문이다.

서양송로버섯

우리나라나 일본에서 최고로 치는 버섯은 송이버섯이지만, 프랑스나 이탈리아에서의 최고의 버섯은 프랑스어로 트뤼프 truffe, 영어로는 트러플trrufle인 송로松露버섯으로, 이는 거위 간, 달팽이와 함께 프랑스의 3대 진미로 통한다. 14세기부터 '요정의 사과' '향 나는 금덩이'라는 별칭이 있을 정도였다. 프랑스 페리고르 지방은 검정 송로버섯의 최고 산지이며, 이탈리아 피에몬테 지방은 흰 송로버섯의 최고 산지이다. 이름은 '송로버섯'이지만 사실 소나무와는 관련이 없다. 보통 땅 속 5~30cm, 더러는 1m 깊이에서도 채취되기 때문에 식물 뿌리로 여길 수도 있지만 엄연한 버섯류다. 이렇게 땅 속 깊이 박혀 있는 송로버섯을 찾아내는 것은 사람이 아니다. 전통적으로는 돼지의 몫이었고 요즘은 개들이 그 역할을 담당한다. 사프란과 마찬가지로 고가에 판매되는 식재료이기에, 송로버섯 사냥꾼들은 발견 장소를 알리지 않기 위해 주로 밤에 '사냥'에 나선다. 송로버섯은 세계의 미식가들이 거금을 주고서라도 먹을 만큼 그 향에 도취하게 만드는 마력이 있다. 야성적인 숲의 향과 땅내음을 가진 최고의 식재료이면서, 굴이나 캐비어를 능가하는 정력제 1순위로 손꼽힌다.

캐비어

캐비어는 철갑상어의 알을 소금에 절인 음식이다. 캐비어는 지방이 적고 비타민과 단백질이 많아 러시아에서는 일찍이 건강식품으로 사랑받았다. 수술 후 환자들의 회복식으로 캐비어 기름만을 뽑아 마시기도 했고, 야채를 많이 섭취하지 못하는 추운 지방에서 결핍되기 쉬운 비타민의 역할을 하기도 했다. 또한 노화 방지에도 상당히 효과가 있어 요즘에는 캐비어를 이용한 화장품도 등장했다. 인간의 피부 세포의 구조와 비슷하다는 연구 결과를 바탕으로 한 것이다. 이러한 캐비어는 '세계에서 가장 섹시한 음식'으로도 통해 '캐비어를 먹는 것은 마치 성교를 하는 것과 흡사하다'라고까지 표현된다. 그 이유는, 원시적인 맛이 처음에는 낯설지만 일단 그 맛을 안 다음부터는 멈출 수 없이 그 맛에 끌리기 때문이라고. 실제로 중국에서는 철갑상어의 척추 안에 있는 골수를 가루로 내어 결혼하는 신부에게 먹이는 풍습이 있다. 또한 페르시아의 시詩에서 캐비어는 최음제로서 정욕을 증가시키고 자극을 극대화하는 용도로 등장하여, 오랜 세월 동안 섹시한 음식으로 사랑받아 왔음을 증명한다.

전복과 전복 내장

전복은 우리나라를 비롯한 동양에서 최고의 보양 재료로 통한다. 호색가로 유명했던 진시황은 삼천 동자를 뽑아 불로장수식품을 찾아오도록 했다는데, 그중 한 동자가 우리나라의 제주도까지 와서 전복을 따가 진상했을 정도이다. 하지만 서양에서는 아이러니한 속설이 있다. 보통 조개류들이 두 개의 껍질을 가진 것에 비해 전복은 외쪽이기 때문인데, 껍질이 하나뿐인 전복을 먹으면 사랑에 실패한다고 믿는다는 것이다.

전복의 암컷은 진한 녹색을 띠고 수컷은 노란색을 띠는데, 산란기인 11~12월에 그 색이 분명히 구별된다. 미식가들은 주로 봄에서 여름철에 먹는 전복회가 촉감과 맛이 뛰어나다고 평한다. 전복의 살은 다른 생선살보다 지방질이 적고 단백질이 많기 때문에, 중년층을 위한 건강식으로 많이 이용된다. 신진대사의 중심인 간 기능을 원활하게 해 머리가 아프거나 귀가 울리고 혀와 목이 마르는 증세를 낫게 한다.

전복은 바위에 붙어서 갈색 조류를 먹고 산다. 그래서 전복의 창자에서는 해조류의 독특한 냄새와 맛이 나는데 이것이 별미이다. 이 내장은 영양 성분이 풍부하고 맛이 독특하기 때문에 흔히 정력제로 알려져 있다. 단 부패하기 쉬우므로 아주 신선한 것만을 먹어야 한다.

달팽이와 자라

우리나라에서도 이제 조금씩 식용하기 시작했지만, 달팽이란 음식은 한동안 우리에게 무척 낯선 식재료였다. 하지만 프랑스를 비롯해 중국, 일본 등지에서도 달팽이는 '밤의 요리'로서 최고의 정력 강장 식품으로 통하며, 프랑스의 부르고뉴 지방에서 나는 달팽이를 최고로 친다. 달팽이는 자웅동체雌雄同

體로서 몸 안에서 난생한다. 이러한 이유로 더욱 정력 강장 식품으로 통한 것처럼 보인다. 깍지가 없는 것도 있는데 이것이 강력 강장제로 더 좋다고 알려졌다. 달팽이 몸체의 끈끈한 물질은 단백질과 당질이 결합된 것으로 인체의 피부, 연골, 혈관, 힘줄, 점액 중에도 많은 성분이다. 주성분은 '콘드로이친 황산'이라고 학자들이 전한다. 이 성분의 작용으로 인체조직의 수분을 유지시키고 피부나 혈관, 내장 등에 윤기를 준다. 따라서 이 성분을 충분히 공급하면 세포가 젊어지며 그 기능이 높아져 노화방지나 강정·강장효과가 기대되는 것이다.

예부터 자라 역시 정력을 상징하는 약용 동물로 애용되었다. 인도와 중국에서는 불로장수와 영원불사의 상징으로 통한다. 중국 요리에서 자라는 남성의 스태미너 증강에 가장 훌륭한 식재료인데, 자라가 한번 물고 늘어지면 떨어질 줄 모르는 강인함을 보고 그 '힘'을 흠모하기 시작한 것이다. 실제로 자라의 살은 질 좋은 단백질 덩어리이자 산성 식품으로, 채소와 같은 알칼리성 식품과 곁들여 먹으면 훌륭한 강정식이 된다. 추위를 타는 노인이나 손발이 찬 사람을 따뜻하게 해주며 피로를 빠르게 풀어준다.

리비도를 자극하는 일상의 식재료

양파와 마늘

양파처럼 많은 나라에서 사랑받는 음식도 드물 것이다. 생으로도 먹지만 튀기거나 볶기도 하고, 삶거나 끓이기도 한다. 기특하게도 양파는 이런 조리방법에 따라 매운 맛부터 달콤한 맛까지 다양하게 선보인다. 이런 양파이니 일상의 식재료로서 그토록 사랑받는 것이 당연하다. 뿐만 아니라 양파에는 뛰어난 약효가 있으니, 날로 먹는 양파는 최고의 정력제라는 것이 바로 그것이다. 양파에 들어 있는 '황화알릴'이라는 자극 성분 때문인데 이것이 비타민 B_1의 흡수를 돕기 때문이다. 비타민 B_1은 우리 몸의 신진대사를 활발하게 하기 위한 땔감 같은 역할을 한다. 현미를 비롯한 잡곡이나 채소, 과일의 씨눈과 껍질 등에 풍부한 이 성분이 대사활동을 활발하게 자극해 젊음을 유지시키는 것이다.

양파 못지않게 우리 음식에서 많이 쓰이는 식재료인 마늘 역시 양파와 마찬가지로 생으로는 매우며, 열을 가하면 달콤한 맛이 살아난다. 곰이 마늘과 쑥만을 먹으며 동굴 속에서 사람이 되고자 기도한 끝에 여인 웅녀가 되어 단군을 낳았다는 단군신화는 어쩌면 우리 민족 역사의 정신적 모태이자 한편으론 마늘의 힘을 증명(?)하는 것이 아닐까. 마늘은 만병을 예방해주고 정력을 키워주는 음식이다. 간을 튼튼하게 해주어 노폐물이나 체내로 침입한 독소를 신속하게 몸 밖으로 내보내 피로를 풀어주어 몸을 건강하게 지켜준다. 또 우리 몸을 따뜻하게 유지해 혈액순환도 돕는다.

부추

부추는 '기양초起陽草'라는, 다소 노골적인 별칭을 가지고 있다. 그 이름에서 알 수 있듯이 우리 몸의 생식기 계통을 왕성하게 해주는 작용이 있어 성적 능력을 북돋워주는 자양강장식으로 통한다. 특히 남성의 성기능을 강화해주어 정력감퇴나 조루 등에 효과가 뛰어나다고 한다. 부추는 추위를 견디게 해주며 엽록소나 철분도 많이 들어 있어 빈혈에도 좋다. 또한 강한 항균 작용이 있어 대장과 소장을 보호하고, 채소 가운데 가장 따뜻한 성질을 가지고 있어 몸과 손발이 차거나 하복부가 차서 설사를 자주 하는 경우에도 좋다. 따라서 열병을 앓고 난 뒤나 술을 먹고 얼굴에 열이 오를 때는 먹지 말 것을 한의사들은 권한다. 부추는 특히 봄철의 것을 최고로 친다.

더덕

원래 약용식물이던 더덕은 인삼 못지않게 우리 몸에 이로워 귀한 식재료로 통했다. 도라지와 비슷하지만 도라지와 다른 대접을 받아온 더덕은 뿌리의 모양에 따라 수컷과 암컷으로 나눈다고 한다. 매끈하게 쭉 빠진 더덕은 수컷이며, 통통하고 잔뿌리가 많은 더덕은 암컷으로 통한다. 요리에는 수컷 형태의 더덕이 더 맛있다고 한다. 더덕은 인삼처럼 '사 포닌'이라는 성분이 있어 허약해진 위를 튼튼하게 하고 남성들의 정력을 길러주며, 폐 기능도 원활하게 만들어준다고 한다. 또한 여성들의 대하와 월경 불순에 효과가 있다고 한다.

산딸기

　오줌을 누면 요강이 뒤집어진다는 뜻의 '복분자'라는 별칭을 가진 산딸기. 특히 술로 담가 마시면 몸에 이롭다. 남성들의 정력을 키우는 것은 물론 여성들의 불임에도 효험이 있다고 한다. 옛 문헌에 "딸기는 양기를 도와주고 살결을 곱게 하며 그 즙을 머리에 바르면 머리가 희어지지 않는다"라고 했다. 온갖 정력제를 다 섭렵해온 중국 명나라의 한 황제가 밤마다 이 산딸기를 한 주먹씩 먹었다고도 한다. 복분자에는 포도당, 과당, 레몬산, 사과산 등의 유기산과 각종 비타민이 풍부하다.

토마토

　토마토의 원산지는 남미의 잉카인데, 16세기경 유럽 대륙으로 건너가 지중해 요리에 빠른 속도로 응용되어 요리의 주재료가 되었다. 토마토의 별명은 '러브 애플' 즉 사랑의 사과이다. 색깔뿐 아니라 씹는 맛도 좋고 정력에 효과가 있는 식품으로 알려져 있다. 그래서인지 토마토는 한때 수난을 겪었다. 청교도 혁명 후 크롬웰 공화 정부는 토마토에 독이 있다고 소문을 퍼뜨렸다. 쾌락을 추구하는 행위는 모두 단죄되었던 시기였기에, 정력제인 토마토를 먹는다는 것은 사회 분위기를 해칠 만한 일이었기 때문이다. 심지어 토마토 재배 금지령까지 내렸다고 한다.

사랑을 부르는 향신료

사프란은 붓꽃과의 식물로 동양이 원산지이며, 유럽의 프랑스, 스페인, 모로코 등지에서 재배되었다. 9월에서 10월 사이 3번 정도 피는 꽃의 암술대를 채취해 향신료 사프란을 만든다. 현재 향신료로서 가장 비싼 사프란은 기원전 18, 19세기부터 향신료로 사용되어 고대 이집트의 『파피루스』와 『구약성서』 등에서도 언급되며, 중세의 요리에는 거의 대부분 사프란을 사용할 정도였다. 중세 의학 분야에서 가장 이름이 높았던 살레르노 학파는 "사프란은 기분이 좋아지게 함으로써 원기를 회복시켜주고 간을 치료함으로써 수족을 튼튼하게 해준다"라고 칭송했다. 또한 사프란이 최음제라는 주장도 있었다. 그래서 고대부터 향주머니 안에 사프란 한 줌을 넣고 다녔으며, 르네상스 시대 이탈리아 사람들은 사프란 분말을 '사랑의 흥분제'로 애용했다고 한다. 하지만 지나친 복용은 오히려 독이 될 수도 있다고.

열대 아메리카의 덥고 습한 지역이 원산지인 바닐라는 보통 열매가 다 익기 전에 수확해 발효를 시켜 특유의 향을 얻는다. 바닐라 열매는 성적인 흥분을 높이는 식품으로 알려져 아메리카 인디언들은 생바닐라를 젊은 남성들의 강장제로 사용했다. 라틴 아메리카 전역에서도 익기 전에 딴 바닐라 열매를 '사랑의 미약'으로 여겼다고 한다.

그리고 인도가 원산지인 후추. 아직 덜 익은 초록색 상태의 후추 열매를 수확해 끓는 물에 10분 정도 담갔다가 건져내서 햇볕에 말려 만든 것이 우리가 이용하는 향신료인 검은 후추이다. 반면에 열매가 완전히 익었을 때 물에 담갔다가 외피를 제거하면 흰 후추가 되는데, 검은 후추에 비해 덜 자극적이며 값이 더 비싸다. 이 후춧가루의 강한 맛을 즐기는 사람은 그만큼 정력도 강하다는 말이 있으며, 중세에 후추는 미각적인 효과보다는 의학적인 효과 때문에 주로 이용했다고 전해진다. 중세의 의사들은 후추를 생강, 아니스 씨, 선백리향 등의 분말과 함께 설탕을 넣고 최음제로 처방했다고 한다. 또한 파슬리는 비타민이 풍부하여 일찍부터 '마녀의 향신료'라고 불려왔다. 파슬리의 성분이 여성을 자극하는 효과를 발휘한다 한다.

언젠가 한 미식가가 송이버섯의 향은 참으로 '음탕하다'고 표현했고, 어떤 이는 초여름의 싱싱한 아스파라거스를 볼 때마다 괜스레 볼을 붉히게 된다고 했으며, 혹자는 담배를 피우는 모습에서 묘한 성적 매력을 느낀다고도 했다. 송이버섯의 향은 '메칠신나메이트'라는 성분으로 송이 알코올과 섞인 것인데, 상상하기에 따라서는 흡사 체취와도 닮은 데가 있다. 아스파라거스의 형태는 묘한 상상력을 자극하기도 한다. 실제로 아스파라거스나 남자의 고환을 닮은 양파, 감자, 토란 같은 음식, 즉 성기를 닮은 음식들은 특히 남성을 위한 정력식품으로 여겨져 많이 먹어왔다. 자라나 장어 요리가 사랑받는 것도 같은 맥락에서 이해할 수 있다. 하지만 흡연은 스트레스, 우울증과 함께 성욕을 저해하는 3대 원흉 중 하나이다. 이렇듯 각자가 받아들이는 음식의 이미지는 백인백색이다.

많은 사람들이 비타민 E가 성욕과 관계가 있다고도 한다. 이는 한 연구 보고에서 비타민 E가 결핍된 쥐들의 고환과 난소가 위축되기 시작했다고 했기 때문이다. 그 쥐에게 비타민 E가 풍부한 음식을 제공하였더니 쥐들의 위축된 생식기가 다시 회복되었다고 한다. 사람들의 경우에도 비타민 E가 부족하면 성욕이 감퇴되는 경향이 있으나, 정상 수준인 경우에는 그것을 더 보충했다고 해서 성욕에는 영향이 없다고 주장하고 있다.

음식과 성이 결합해 발산하는 힘은 8할이 이미지의 덕이 아닐까. '사랑의 힘'이란 최면이요, 도취란 뜻이다. 최고의 강장제보다는 섬세한 기포의 프랑스 샴페인과 섹시한 음식으로 거론되기도 했던 산딸기의 결합이 더욱 은밀하게 유혹적이지 않은가. 우리를 취하게 하는 요염한 최음제, 그것은 섹시한 이미지를 등에 업은 맛깔난 음식들이다. 미각의 엉큼한 장난이다. 그래서 최고의 식재료로 통하거나, 유익하여 일상적으로 취하는 음식이거나, 맛있는 음식은 모두 섹시하다.

술 마시며 건강해지기 – 프렌치 패러독스

‘프랑스’ 하면 떠오르는 것은 에펠탑, 파리라는 도시, 최고의 음식 그리고 와인일 것이다. 설명할 수 없는 매력과 낭만을 가진 동시에 세계적인 미식의 나라로 통하는 프랑스이다. 북으로는 북해, 서쪽으로는 대서양과 맞닿은 지역에서는 한류의 물고기와 해산물을 얻을 수 있고, 남쪽의 지중해에서는 난류의 물고기와 해산물을 얻을 수 있다. 추운 북쪽과 더운 남쪽의 땅에서 한대성 식물과 열대성 식물이 골고루 자라며 풍부한 과일과 채소로 넘쳐났다. 프랑스에서는 켈트, 라틴, 게르만 등 온갖 민족의 온갖 입맛이 뒤섞여 살면서 색다른 음식 맛을 익혀왔으며, 왕과 귀족들의 호화찬란한 역사와 함께 프랑스 미식 또한 함께 발전해 오늘의 명성으로 이어졌다. 유럽의 알짜

배기 평야를 차지한 골Gaul 족(고대 프랑스 지역 원주민)은 풍부한 태양 빛과 대지의 축복 속에서 유럽 제일의 농업국가로 성장하며 식생활도 대대로 풍요로울 수 있었다. 이렇게 풍요로운 식재료, 식문화와 함께 이 기름진 평야에서 얻은 고품질의 포도는 이탈리아에 이은 두 번째 포도 생산국이면서 세계 최고 품질의 와인 국가로 자리 매김할 수 있는 원동력이었다.

식도락의 나라답게 프랑스 사람들의 술과 담배 소비량 또한 엄청나다. 수다를 즐기는 프랑스인들은 카페에서 담배를 손가락에 끼고 바bar에 서서 제법 독한 술을 홀짝거린다. '프렌치 프라이즈'로 통하는 감자튀김, 스테이크, 엄청난 양의 버터와 치즈 등 각종 기름진 식사를 즐기며 물마시듯 와인을 마셔댄다. 세계 의학계는 그런 프랑스인들이 다른 서구인들보다 심혈관 질환에 의한 사망률이 낮다는 통계를 접하고 의아해했으니, 이를 가리켜 '프렌치 패러독스French paradox'라고 일컫는다(이 말은 1991년 방송된 미국 CBS의 한 시사교양프로에서 처음 사용된 이후 즐겨 사용되고 있다). 학자들은 이런 현상의 원인을 프랑스인들이 즐겨 마시는 와인, 그중에서도 레드와인 때문이라고 결론지었다. 와인이 프랑스인들의 혈관 속에 쌓여야 할 엄청난 저밀도 콜레스테롤 찌꺼기를 말끔하게 쓸어버린 것이다.

인류가 처음 마신 술

『성경』에는 와인에 대한 언급이 521번 나온다고 한다. 대

홍수가 휩쓸고 간 땅에 노아는 포도나무를 심고 와인을 담가 마셨으며, "와인은 인간의 기쁨을 위해 만들어진 것이니라" "물만 마시지 말고 위장을 위해서, 자주 앓는 그대의 병을 고치기 위해 와인을 좀 마시도록 하시오" 등 와인에 대한 언급이 등장한다. 이러한 와인이 언제 어디서 시작됐는지는 알 수 없다. 분명한 것은 인류 문명의 초기부터 일상생활과 밀접한 관련을 가져왔으며, 질병의 치료와 건강 유지에 나름의 역할을 해왔다는 것이다. 그러기에 그리스의 철학자 플라톤은 "신이 인간에게 내려준 선물 중 와인만큼 위대한 가치를 지닌 것은 없다"라고 와인을 칭송했다.

1980년대 말, 세계보건기구는 전 세계 사람들을 대상으로 심장질환에 대한 연구를 시작했다. 이 연구에서는 포화지방 섭취량이나 혈청 내 콜레스테롤 농도가 비슷함에도 불구하고 영국인이나 미국인보다 심장질환으로 인한 프랑스인의 사망률이 현저히 낮은 것으로 나타났다. 이러한 현상에 대해 프랑스의 르노Renaud. S. 박사 등은 연구를 시작, 프랑스인들이 식사 때마다 일상적으로 마시는 와인 섭취와의 관계를 탐구하였다. 미국 등지에서도 레드와인과 건강과의 함수 관계에 대한 논문이 접수되기 시작했다. 그 결과 수분 85%, 알코올 도수 9~13%, 그리고 당분, 비타민, 유기산, 각종 미네랄, 폴리페놀 등이 풍부하게 조합된 와인이 심장질환으로 인한 사망률을 낮추는 데 기여했음을 밝혀냈다. 그중에서도 건강유지로 이어지는 와인의 기능을 좌우하는 것은 '폴리페놀'이라는 성분이다.

레드와인 붐을 일으킨 폴리페놀

와인의 폴리페놀polyphenol 성분은 포도의 껍질이나 씨에 주로 함유되어 있다. 때문에 화이트와인보다는 적포도껍질의 색소와 타닌이 풍미에 중요한 영향을 미치는 레드와인 속에 더욱 풍부하다. 이러한 차이가 나타나게 되는 화이트와인과 레드와인의 생산과정을 간단히 살펴보면 다음과 같다.

레드와인은 싱싱한 포도알을 눌러 터뜨려 모은 주스와 껍질에 있는 효모를 접촉시켜 발효 조건을 만든다. 즉, 포도주스와 과육질, 껍질과 씨 등이 모두 뒤섞인 혼합액이 발효조 안에 모아지는 것이다. 포도껍질의 효모 성분이 포도주스의 당분과 만나 발효를 시작하고, 이후 적포도껍질의 색소와 타닌 등을 뽑아내기 위해 계속 껍질과 와인을 함께 담가두게 된다(전문적으로는 '침용 과정'이라고 한다). 이 부분이 화이트와인과 구별되는 레드와인의 양조 과정이다. 이 기간의 길이에 따라 가볍고 신선한 타입의 레드와인과, 진하고 묵직한 스타일의 와인으로 갈리게 된다.

한편, 화이트와인은 청포도를 이용하거나 적포도의 주스만을 이용해 저온발효시켜 생산한다. 그 결과, 화이트와인에는 폴리페놀이 1 l당 0.2g에 불과한 데 비해 레드와인에는 그 5~10배 이상인 1~3g 정도가 함유되어 있다.

우리 몸속에는 각종 지방질을 산화시켜 세포를 노화시키는 활성산소가 있는데, 폴리페놀은 이 활성산소를 제거하는 항산화제 역할을 한다. 항산화 작용은 심장혈관에 영향을 주어 심혈관계통에 효과를 보인다고 한다. 또 몸에 나쁜 저밀도 콜레스테롤의 산화도 억제해 심장질환으로 인한 발병을 낮춰준다.

좀더 깊이 들어가자면, 폴리페놀 중에서도 '안토시아닌 anthocyanin'이라고 불리는 색소 성분이 항산화 작용의 열쇠이다. 그리스어로 '꽃의 청색 성분'이란 뜻의 안토시아닌은 청색뿐 아니라 붉은색, 보라색, 황색 등 폭넓은 색으로 나타난다. 포도를 비롯해 블루베리, 크랜베리, 석류 등에 많이 함유되어 있는 천연 색소 성분이다. 레드와인이 숙성되는 과정에서 이 안토시아닌이 안토시아닌끼리 결합하는 등의 과정을 통해 더욱 강력한 항산화 종합체로 발전된다고 한다. 그 결과, 레드와인의 숙성 과정을 통해 재형성된 안토시아닌 종합체가 4~5배 이상 강력해진 항산화 작용을 보인다는 것이다. 즉, 포도껍질 속의 성분을 그냥 섭취할 때보다 레드와인으로 생산된 후 섭취하였을 때 항산화 작용이 몇 배 이상 더욱 강력해진다.

이렇게 레드와인이 심혈관계통 질환에 좋은 영향을 준다는 것이 알려지면서 아시아 지역의 레드와인 소비량이 급증한 반면, 상대적으로 화이트와인 소비는 크게 위축됐다. 때문에 독일 같은 화이트와인 생산국은 뒤늦게 연구에 나섰다. 화이트와인과 레드와인의 비교 연구를 통해 화이트와인 역시 건강에 좋다는 것을 입증하려 한 것이다. 매일 꾸준히 각각의 와인을 섭취한 결과, 화이트와인을 섭취한 사람들에게서 우리 몸에 이로운 고밀도 콜레스테롤 수치가 증가했다고 밝혔다. 고밀도 콜레스테롤을 형성시키는 역할을 하는 '레스베라트롤'이라는 성분이 화이트와인에 더욱 많았다면서, 레드와인과 마찬가지로 화이트와인의 항산화 작용을 입증한 것이다. 독일은 모젤 지방에서만 생산되는, 당뇨병 환자들도 마실 수 있는 '초저칼로리 와인'을 생산하기도 했다.

또한 와인은 우유 다음으로 완벽한 식품으로 통한다. 300여 가지의 영양소와 비타민, 무기질이 함유되어 있으며 알칼리성 술로서 체질을 알칼리성으로 바꾸는 데 도움을 준다.

어떤 음식과 먹을까

하루 0.3~0.4 L 정도, 매일 꾸준히, 반주로 즐기는 것이 건강을 위한 와인 마시기 요령이라 정리할 수 있다. '반주'로 먹기 위해서는 와인과 음식이 잘 어울려야 한다. 보통 와인은 평균 12도 안팎의 적당한 알코올 농도와 뛰어난 풍미 때문에 어느 음식이나 잘 어우러지는 것이 장점이다. 또한 혀를 자극하는 산미는 음식의 기름기를 씻어주고 음식물의 이취를 말끔히 제거해준다. 이러한 일반적인 장점에도 불구하고, 다양한 풍미를 지닌 수많은 와인들 중에 어떤 와인을 골라 오늘의 메뉴와 접목시킬지의 성공여부는 결코 만만치 않다. 소믈리에 같은 전문가들이 상존하는 이유도 이 때문이다.

기본적으로는 섬세한 음식에는 부드러운 와인을, 강하고 자극적인 음식에는 타닌이 많은 와인이 어울린다. 좀더 세심하게 음식과 와인을 매칭시키고자 한다면 생각해야 할 몇 가지 사항이 있다.

첫째, 각 지방의 음식은 그 지방 와인과 어울린다는 게 기본이다. 부담 없이 즐기는 이탈리아 피자에는 이탈리아의 대중적인 와인인 끼안띠Chianti가, 프랑스 부르고뉴 스타일의 달팽이 요리(바질과 버터 소스로 요리)는 같은 부르고뉴 지방에서 나오는 화이트와인이 무난하다. 오랜 세월 그 지방 사람들이 자기네 요리에 어울리는 와인을 개발하고 즐겨왔기에 가장 자연스런 짝이 된다.

둘째, 가벼운 타입의 요리인지, 혹은 무거운 타입의 요리인지 주재료와 소스의 특성을 파악한다. 고기류의 경우 타닌이 강한 레드와인이, 연하고 부드러운 생선 요리인 경우 산뜻한 화이트와인이 어울리는 게 보통의 공식이다. 레드와인의 타닌 성분이 육류의 단백질과 지방 성분과 만나면 음식의 느끼한 맛을 감춰주고, 반대로 음식의 기름기가 와인의 떫은 맛을 감소시켜주어 잘 어울린다. 생선과 해물의 짭짤한 맛은 레드와인의 타닌 성분과 만나면 와인의 떫은 맛이 강해지므로 좋은 짝이 아니다.

하지만 주재료뿐 아니라 소스와 양념의 성격에 따라 와인의 선택이 좌지우지될 수 있다. 같은 생선 요리라도 간장과 고춧가루 등 강한 양념이 사용된 경우에는 입 안을 개운하게 해줄 레드와인이 잘 어울릴 것이다. 또 고기류라도 양념 대신 소금구이로 즐기는 경우라면, 루아르 지방의 상세르Sancerre처럼 섬세하고 드라이한 화이트와인이 레드와인보다 무난하다.

셋째, 와인의 당도와 산미에 주의한다. 대체로 드라이한 와인은 어떤 음식과도 잘 어울리고, 당도가 조금 있는 와인은 산도가 강한 음식을 중화시켜 조화를 이룬다. 신맛이 강한 와인은 기름기가 많은 음식의 느끼함을 덜어주며 향이 강한 음식과도 조화롭다. 이러한 음식과는 알자스 리슬링Riesling이나 부르고뉴의 피노 누아르Pinot noir 레드와인이 무난하다. 또한 프랑스의 소테른Sauternes, 독일의 아인스바인Einswein 등의 아주 단 와인은 디저트와인으로서 달콤한 케이크나 초콜릿 등 디저트류의 음식들과 어울린다.

넷째, 와인의 향을 이해해야 한다. 오크향이 강한 레드와인은 훈제 요리와, 독특한 향신료 향이 느껴지는 프랑스 알자스산 게부르츠트라미너Gewurztraminer 같은 화이트와인은 인도나 멕시칸 음식과 같이 자극적이고 매운 맛이 나는 음식도 잘 소화해낸다.

궁극적으로는 와인의 아로마와 부케를 종합적으로 이해해야 한다. 이 부분은 비교적 와인 고수의 단계에 해당된다. 아로마aroma는 와인에서 느껴지는 과일향, 야채향, 꽃향, 흙 냄새 등 원료 포도 자체에서 우러나오는 자연스런 향기를 말하고, 이것이 발효와 숙성 과정을 통해 새로운 와인의 향으로 거듭나는 향, 즉 오크통 숙성을 거친 와인의 오크 향 등을 부케bouquet라고 한다. 좋은 포도로 잘 만들고 숙성이 잘된 와인일수록 향기가 좋고 오래간다. 와인의 품질은 이 향기에 의해서

좌우된다고 해도 과언이 아니다. 같은 포도 품종이라 할지라도 생산지와 생산자, 와인이 생산된 연도인 빈티지 등에 따라 전혀 다른 맛이 될 수 있다. 레스토랑 소믈리에의 도움을 받더라도 많은 와인을 접해보며 경험하고 맛을 기억하도록 노력해야 와인과 음식의 조화를 예상하고 멋지게 주문할 수 있을 것이다.

우리나라 음식과도 어울릴까

한식 요리들과 와인은 비교적 적당한 궁합이라는 게 와인 전문가들의 평이다. 프랑스가 식품 및 농수산물의 판매 촉진을 위해 설립한 기관인 소펙사SOPEXA에서는 한식 요리와 프랑스 와인과의 조합 테이스팅을 다양하게 펼쳐왔다. 이제는 한식당에서도 다양한 와인리스트를 접할 수 있는 요즘이다.

우리 음식 중에서 외국인들에게 가장 반응이 좋은 불고기는 얄팍하게 저민 고기에 마늘, 간장 등의 비교적 강한 양념을 쓴다. 이런 음식에는 풍미가 좋은 보르도 지방의 생떼밀리옹이나 포메롤 지역의 레드와인이 어울린다는 평이 있다. 부르고뉴 지방 레드와인 중에는 마콩 빌라주, 보졸레 빌라주 등이, 루아르 지방의 화이트와인인 상세르도 잘 어울린다. 프랑스 타벨Tavel 지방의 로제 와인도 추천된다. 양념 맛을 느껴야 하므로, 산도가 지나치게 높지 않으면서 오크 향도 강하지 않은 와인이 적당하다. 불고기보다 더욱 강한 갖은 양념에 육질까

지 두툼한 갈비찜은 묵직하고 타닌 성분이 많은 레드와인과
짝이다. 보르도 지방의 레드와인들이 무난하다.

삼겹살 구이는 마늘, 고추, 파 등 강한 향의 야채와 먹을 때
는 남쪽 지방의 코트 드 프로방스Côte de Provence나 샤토네프
뒤 파프Châteauneuf du Pape와 같이 적당한 타닌이 있으면서 산
뜻함도 살아 있는 레드와인이 잘 어울린다. 간단히 기름장에
곁들여 먹을 때는 보르도 지방의 그라브 지역에서 생산되는
화이트와인이나 루아르 지방의 상세르 등 간결한 느낌의 화이
트와인도 잘 어울린다.

생선회는 산미가 약간 있고 과일향이 풍부한 화이트와인이
권할 만하다. 보르도 지방의 간결한 맛의 화이트와인, 루아르
지방의 뮈스까데Muscadet, 부르고뉴 지방의 샤블리Chablis 같은
와인이 어울린다. 섬세하고 연한 광어회라면 은은하고 정갈한
풍미의 화이트와인이 좋지만 붉은 살의 참치회는 가벼운 레드
와인도 좋다. 생선구이에는 알자스 지방의 화이트와인처럼 적
당한 산미와 타닌이 있으며, 부케가 강한 깔끔한 맛의 화이트
와인이 무난하다.

잡채나 파전처럼 야채와 고기, 해산물 그리고 전분 등이 골
고루 들어가면서 양념이 가벼운 한국 요리들은 과일향이 풍부
한 신선한 스타일의 화이트와인이나 스파클링 와인이 어울린
다. 구절판처럼 여러 가지 재료를 밀전병에 싸먹는 담백한 류
의 요리들은 복합적인 향의 깔끔한 화이트와인이나 스파클링
와인과 조화롭다. 루아르 지방의 상세르Sancerre, 푸이 퓌메

Pouilly Fuimé, 부브레Vouvray 등이 그것이다.

와인과 음식의 결합에 대해서는 아마도 정답이 없을 듯하다. 이 같은 의견은 전문가들의 평가를 바탕으로 한 것이므로, 각자의 입맛과 취향을 따른다면 그 이상 바람직한 짝도 없을 것이다.

레드와인이 아무리 건강에 좋다지만 과음해도 좋다는 뜻은 결코 아니다. 건강을 유지하면서 마실 수 있는 적정량은 3분의 1~3분의 2병 정도로, 가끔 마시는 것보다는 매일 식사 때 반주로 꾸준히 마시는 것이 중요하다. 남자의 경우 하루 0.4 L, 여자는 0.3 L이하가 적절하다고 전문가들은 조언한다. 프랑스 속담에 "와인을 마실 때는 왕처럼, 물을 마실 때는 황소처럼"이란 말이 있다. 참고로 프랑스 국민 1인당 와인 소비량은 연간 63 L, 하루 평균 0.3 L 정도이다.

국수주의적인 발상일지는 모르지만, 이렇게 좋은 술인 와인을 볼 때마다 한편으로 안타까운 마음이 든다. 물론 국내에서 생산되는 일부 제품이 있다고는 하지만 와인의 대부분은 '수입품'이라는 현실이다. 가끔은 와인의 장점과 그 엄청난 매력에 가려져 이러한 현실적인 문제는 너무 쉽게 외면되고 있는 것은 아닐까라는 걱정스러움, 지나친 노파심일까.

인간의 생명을 연장한다 – 장수식품

장수 국가로 알려진 일본의 학자들은 세계적인 장수촌 몇 곳의 식생활을 몇 십 년간 연구했다고 한다. 이들 장수촌은 중앙 아시아의 파키스탄 영역에 속하는 푼자, 카스피 해 유역의 코카서스 지방, 에콰도르의 빌카밤바 등이다. 이들 장수촌의 자연환경은 모두 강이나 바다를 끼고 있으며 기후는 온화하며 식재료로는 생선과 과일이 많이 난다는 공통점이 있다고. 이 좋은 생활환경 속에서 적당한 노동과 운동이 가능했으며, 자연의 삶을 유지해온 장수촌 사람들은 이런 이유로 건강하게 오래 살 수 있었다.

학자들은 장수의 비결에 대해 결론짓기를, 육류는 되도록 적게 먹으며 생선을 많이 먹되 뼈까지 먹을 수 있는 작은 생선을 선호한다. 콩으로 만든 식품과 잡곡을 많이 먹는다. 설탕과 염분은 줄이고 식물성 기름으로 요리하며 깨의 고소한 맛을 즐긴다. 당근, 호박 같은 녹황색 채소와 해조류를 많이 먹는다. 가공식품이나 인스턴트 식품이 아닌 자연에서 나는 그대로의 식품을 섭취하며 저칼로리 식을 고집한다. “늘 꾸준하게 적당한 운동을 하며 스트레스를 적게 받는 라이프스타일을 유지한다”라고 하였다.

건강에 관심 많은 요즘의 현대인이라면 이미 기본적으로 숙지하고 있는 사항들이다. 늘 그렇듯이 실천의 문제이다.

10대 장수식품

미국의 시사주간지 『타임』은 얼마 전 ‘10대 건강식품’을 소개해 다시 한 번 음식과 수명 연장에 대해 사람들의 관심을 모았다. 이들이 소개한 식품은 토마토, 시금치, 적포도주, 견과류, 브로콜리, 귀리, 연어, 마늘, 녹차, 머루이다. 건강한 삶을 다룬 기획기사에서 “비타민과 미네랄 등 각종 자연 화합물이 듬뿍 든 음식이야말로 최고의 질병 치료제일 뿐 아니라 장수의 지름길”이라 소개하며 10가지 몸에 좋은 식품을 적극 섭취할 것을 권했다.

토마토

토마토의 붉은 색소 성분인 리코펜은 항암 효과의 가장 중요한 성분이다. 당근 등에 많은 베타 카로틴에도 세포의 산화를 방지하고 발암을 억제하는 항산화 작용이 있는데, 토마토의 리코펜에는 그 두 배의 강력한 항산화 작용이 있다고 한다. 또 미국 하버드 대학의 한 연구에 의하면 40~75세 남성 4만 7천 명을 6년간 추적 조사한 결과, 토마토 요리를 주 10회 이상 먹고 있는 사람은 그렇지 않은 사람에 비해 전립선암에 걸릴 확률이 45%나 낮았다고 한다. 리코펜은 위, 췌장, 자궁암 예방에도 좋은데, 매일 토마토 2개씩이면 하루 필요량이 섭취된다. 토마토는 노화를 막고 골다공증이나 노인성 치매를 예방하는 데 특효가 있다. 잘 익은 빨간 토마토일수록 리코펜 성분이 풍부하며, 이 성분은 열에도 강해 열 조리법에 의해 쉽게 파괴되지 않는다.

시금치

시금치는 원래 페르시아에서 아랍과 지중해 연안 여러 나라를 거쳐 유럽으로 퍼졌고, 중국을 통해 우리나라로 전파되었다. 비타민 종류가 고루 함유되어 있으며 그중에서도 비타민 A는 채소 중에서 가장 많다. 이 밖에 칼슘과 철분, 요오드 등이 많아 발육기 어린이와 임산부에게 좋은 알칼리성 식품이다. 시금치에는 사포닌과 질 좋은 섬유질이 많아 변비에도 효과가 있으며, 철분과 엽산이 풍부해 빈혈 예방에도 좋다. 그러나 얼마 전 미국에서 시금치를 너무 많이 섭취하면 오히려 신장 결석이 생길 수 있다는 발표가 있었다. 시금치에 풍부한 수

산 성분이 몸속의 칼슘과 결합해 생기는 것이라고 한다. 역으로 칼슘이 풍부한 깨 같은 식품과 함께 섭취하면 이 수산 성분이 결석으로 형성되는 것을 방해해 몸 밖으로 배출된다고 하니 참고할 일이다.

레드와인

프랑스인이 다른 서구인에 비해 심혈관계 질환 발병률이 적은 이유를 설명해주는 식품. 폴리페놀로 알려진 항독물질이 몸에 유익한 고밀도 콜레스테롤을 활성화시킬 뿐 아니라 혈관 경화를 막아준다. 하지만 지나치게 마시면 오히려 간 질환이나 유방암을 유발할 수 있다. 프랑스 남자들이 하루 평균 0.4 L, 여자가 0.3 L 정도를 섭취하는 것을 참고로 적정한 양을 식사와 함께 꾸준히 먹는 것이 중요하다고.

견과류

고대 그리스인들은 호두와 기타 견과류를 다른 지역으로 전파했고, 그 후 호두는 음식으로뿐만 아니라 약품, 염료 등으로도 쓰였다. 고대 로마인들은 호두를 주피터 신과 연관시켜 결혼과 다산(풍요)의 상징으로 여겼다.

호두 영양학에 대한 한 연구에서 견과류 섭취가 심장 마비, 심장병으로 인한 사망률과 연관성이 있다는 사실을 발견했다. 1주일에 5회 이상 견과를 섭취하는 사람들은 가끔씩 혹은 전혀 섭취하지 않는 이들이 심장병에 걸릴 확률의 50%밖에 되지 않는다는 것이다. 대표적인 견과류인 호두에는 건강에 좋은 지방산과 채식 식단에서 결핍되기 쉬운 철분, 아연, 칼슘 등 각종 영양분이 함유되어 있다. 특히 지방산 중에도 복합 불포화지방산인 오메가-3가 풍부해 오메가-6 중심의 식물성 유지와 섞어 균형 있게 섭취하면 더욱 건강에 좋다. 오메가-3와 6의 이상적인 비율은 1:4 정도가 적당하다고 과학자들이 충고하고 있으나 오메가-3의 섭취량은 아직 현저히 낮은 수준. 호두에는 100g당 15.23g의 풍부한 단백질과 9종류의 필수 아미노산이 들어 있는데, 인체의 성장과 발달에 꼭 필요한 성분들이다. 체내에서 그 필요량만큼 충분히 생성할 수 없어 음식을 통해서만 섭취되어야 한다고 충고한다.

브로콜리

양배추의 변종인 브로콜리는 제2차 세계대전 무렵 원산지인 이탈리아에서 유럽 각지로 퍼진 이후 우리나라에는 1960년대에 처음 들어왔다. 비타민 C 함유량이 레몬의 약 2배로 피부 미용 효과가 뛰어나다. 기타 비타민 A와 B, 칼륨, 인, 칼슘 등 미네랄도 시금치 못지않게 풍부하며 유방암·대장암·위암 발생 억제에도 효과가 있다. 주로 봉오리 부분이 요리에 쓰이지만 영양상 줄기도 함께 먹는 것이 좋다.

귀리

보리와 비슷한 모양의 곡류로, 다른 곡류보다 단백질 함량이 좋아 쌀보다 2배 이상 높다. 당질은 쌀보다 적지만, 지방질은 현미의 두 배이며 섬유소도 현미보다 많아 에너지가 많은 곡류이다. 유럽 등지에서 아침 식사로 즐겨 먹는 오트밀oat meal은 스코틀랜드에서 처음 만들어졌다고 한다. 귀리를 정백해 가루로 내어 우유와 섞어 죽처럼 만들어 섭취한다. 귀리는 인체 내장의 유해한 콜레스테롤을 제거해주며 혈압 강하 효과가 탁월하다고 알려져 있어 비만자에게 최고의 식품으로 통한다. 소화도 잘 되고 비타민 B 함량이 높다.

연어

연어는 비타민이 풍부한 생선이다. 특히 비타민 D가 풍부해 칼슘이 우리 몸에 흡수되는 것을 돕는다. 여러 가지 비타민 B군을 거의 함유하고 있어 성장과 소화를 촉진하고 위장장애를 완화해주며, 혈액 순환을 원활하게 하는 효과가 있다. 연어 살코기의 20%는 양질의 단백질로 구성되어 있다. 특히 다량 함유된 오메가-3 지방산으로 각종 난치병이 예방되며 뇌세포를 활성화하는 DHA가 풍부하다. 알츠하이머 등 노인성 질환에도 좋다.

마늘

약용에 가까운 마늘의 항암 작용 및 심장병 예방 효능은 이미 잘 알려진 대로이다. 마늘의 특별한 효능은 마늘 고유의 냄새를 나게 하는 유황화합물인 알린과 또 다른 성분인 스코르

디닌이란 성분 때문. 알린 성분은 비타민 B₁과 결합해 우리 몸에 흡수되기 쉬운 성분으로 바뀐다. 비타민 B₁이 체내에 많이 흡수되기 어렵기 때문에, 이러한 성분이 함유된 마늘을 상용하는 것이 활성 비타민 섭취에 도움이 된다. 특히 쌀밥 위주의 식생활을 하는 우리에게 마늘은 결핍되기 쉬운 비타민을 보급해주는 창고였다. 스코르디닌이란 성분은 우리 몸에 강장 효과를 나타내 허약 체질 극복에 도움을 준다.

녹차

중국의 한 연구 결과, 차에 케타친 성분과 폴리페놀 물질이 들어 있어 피를 맑게 하는 것은 물론이고 동맥경화 등 혈관계 질환에도 효과가 있다고 한다. 차에 함유된 케타친 성분이 지방 속의 미세한 콜레스테롤을 분해시켜 몸 밖으로 배출시키는 구실을 하기 때문. 또한 알칼리성 식품으로 산성 식품을 중화해준다. 또한 비타민 C보다 훨씬 강한 항독작용을 하는 폴리페놀이 다량 들어 있어 종양 발생을 초기에 억제하고 위, 간, 심장 등의 각종 질환 예방에 탁월하다고. 1990년대 초 세계보건기구가 실시한 심장병 발생 조사에 따르면, 돼지고기나 오리고기 등 기름진 음식을 즐기는 중국 베이징 사람들의 심장병 발병률이 낮은 이유가 꾸준히 차를 섭취하기 때문이라고 밝혔다. 프랑스 와인에 이은 '차이니즈 패러독스'라 할 만하다.

녹차는 질이 좋은 것일수록 낮은 온도로 우려내야 풍미가

난다. 옥로는 50~60℃로 2~3분, 하급차는 이보다 높은 온도에서 30초 정도만 우려내는 것이 좋다. 녹차의 비타민 C는 한 번 차로 우려내면 80% 이상 우러나며, 95℃로 2시간 끓여도 20%밖에 줄지 않는다.

머루

포도과 나무의 열매인 머루는 우리나라에서 보통 술이나 정과를 만들어 먹는다. 혈액순환을 좋게 하고 몸을 튼튼히 하는 것으로 알려져 있다. 보통 민간에서는 보혈강장제로 알려져 있으며, 한방에서는 신경통과 폐결핵의 자양제로 많이 쓰인다고 한다. 머루에는 또한 풍부한 항독물질이 함유되어 있어 뿌리를 짓찧어 바르는 등의 방법으로 활용된다.

일본의 장수촌, 오키나와

일본의 유명한 장수촌인 오키나와에 '하라 하치 부hara hachi bu'라는 말이 있다. '허리띠를 풀기 전에'라는 뜻으로, 지나친 식사로 배가 부르기 전에 젓가락을 놓는다는 뜻이다. 칼로리를 제한하는 습관을 가진 오키나와 주민들의 생활상을 엿볼 수 있는 말이다. 오키나와의 평균 연령은 남성이 76.67세, 여성이 84.47세이며 암, 심장 질환, 뇌혈관 질환에 따른 사망률도 전국 평균보다 낮다고 한다.

1930년대 중반 한 대학에서 노인병 학자, 의학 인류학자 등의 주도로 '오키나와 프로그램'이라는 연구가 진행되었다. 무려 25년간 이들 오키나와 주민들의 식습관과 삶을 연구한 것이다. 오키나와에서는 80세 이상의 노인들이 변함없이 일을 하는 모습을 쉽게 발견할 수 있다고 한다. 고령자들이 활동하기에 이상적인 온화한 기후도 한몫했다. 의학자들은 나이를 먹어도 변함없이 일을 하며 보람이나 목적 의식을 가지고 몸을 움직이는 것이 뼈나 근육 그리고 마음의 노화까지 막아준다고 결론 내렸다. 도시에 사는 현대인들의 수많은 질병의 원인이 과식과 스트레스 그리고 운동 부족임을 고려할 때 명백한 결과이다. 무엇보다도 오키나와 사람들의 장수 비결은 전통적인 식습관에서 찾을 수 있다. '고단백, 저칼로리, 저염분'의 원칙이다. 이곳 사람들은 음식을 '생명의 약'이라고 부르며 건강식, 건강 조리법을 고수한다.

단백질은 주로 닭고기와 돼지고기에서 섭취한다. 돼지고기는 끓는 물에 삶아 충분히 기름을 뺀 다음 단백질 중심으로 섭취한다. 우리나라처럼 거의 모든 부위의 고기를 섭취하면서 각 부위별 요리법이 발달했다. 삼겹살 같은 부위는 장시간 삶아낸 다음 먹는 것이 일반적이다. 돼지고기의 동물성 지방질은 혈중 콜레스테롤을 늘려 혈액을 탁하게 하며 혈관의 노화를 촉진시키지만, 양질의 단백질과 맛 좋은 지방질, 탄수화물, 인, 철, 비타민 A, B_1 등이 함유되어 있는 뛰어난 보양식품이 또한 돼지고기이다. 돼지고기의 지방은 구웠을 때 2.4% 정도만 손실되지만 물에 삶았을 때는 반 이상 손실된다. 따라서 돼지고기를 먹을 때는 삶는 조리법을 잘 이용하면 된다. 지방을 충분히 제거한 돼지고기는 소화기나 피부 등 인체 조직을 원활하게 하며 당뇨병 등의 질환에도 좋다.

오키나와 사람들은 고기를 먹을 때는 늘 녹황색 채소, 해초, 콩을 함께 섞어 먹는다. 채식 위주의 저칼로리 식사를 하다 보니 이곳 사람들이 먹어치우는 두부의 양은 일본 본토 사람들의 2배에 이르며, 채소 중에서도 비타민 C, 카로틴, 칼륨 등이 풍부한 수세미를 즐겨 먹는다고 한다. 특히 식재료를 우려낸 국물을 이용하는 조리 방법을 통해 염분이 추가되지 않도록 주의한다는 것이 특기할 만하다. 우리나라에서도 90세가 넘은 장수인들이 즐겨 먹는 음식 중 하나가 삶은 돼지고기라는 점, 젓갈처럼 짠 음식을 가장 좋아하지 않는 음식으로 꼽는다는 것과 상통한다. 이 밖에도 오키나와 사람들의 장수 비결 중 하나가 미네랄이 풍부한 음료수라고 한다. 오키나와는 산호초로 만들어진 섬으로, 산호의 풍부한 미네랄이 오키나와의 식수 속에 자연스럽게 함유되어 있다고 한다.

장수로 이어지는 오키나와 사람들의 식생활 습관을 정리하면 다음과 같다.

1. 삶기 등의 방법을 통해 지방을 충분히 제거한 돼지고기를 즐긴다.
2. 흑설탕을 사용하며 조리 시 되도록 소금을 추가하지 않는다.

3. 해초와 채소 그리고 두부를 충분히 섭취해 저칼로리
   식사를 한다.
4. 약초를 먹는다.
5. 차를 자주 마신다.
6. 쓰케모노(일본식 절임 배추)를 먹지 않는다.
7. 신체를 자주 움직이고 꾸준히 일을 한다.

지중해의 올리브 오일

‘지중해식 식사’는 건강을 유지하고 장수할 수 있는 식사법으로 통한다. ‘지중해식’이라는 표현은 1959년에 첫 발간된『잘 먹고 잘 사는 법과 지중해식 라이프 스타일*How to eat well and stay well, and the Mediterranean way*』이라는 책에서 유래되었다. 이 책을 쓴 앤슬 키*Ancel Key*는 식이요법·물질대사·건강 사이의 상관관계에 대한 연구로 ‘미스터 콜레스테롤*Mr.Cholesterol*’이라는 명성을 얻은 생리학자이다. 이 책은 온화한 기후에서 자라는 풍부한 식재료와 올리브, 특히 올리브 오일을 충분히 섭취하는 것에 주목한다. 전통적인 지중해식 식사는 그리스 크레타 섬 주민들의 시골식 식사법을 말한다. 주로 채소와 과일 위주의 식사이며 요구르트, 생선 등의 동물성 식품을 약간 보충한 것이 전통적인 지중해식 식사이다. 올리브 오일이 지방 섭취의 중심이며, 고기와 치즈 등은 양념 정도로만 사용된다. 올리브 오일을 듬뿍 곁들인 샐러드와 파스타를 즐겨 먹고 항상 과

일로 식사를 끝내며 포도주 1~2잔을 식사와 함께 즐긴다. 현재의 지중해에서는 고기, 소스와 설탕이 주재료가 되고 있어 전통적인 식사와는 다르다. 지중해식 식단의 특징을 정리하면 다음과 같다.

1. 식단의 많은 부분은 식물성이어야 한다.
 - 과일, 야채, 곡물(일반적으로 밥이나 파스타), 콩, 씨 종류 등으로 대부분의 식품은 날것이나 양념을 해서 섭취한다.
2. 다른 기름이나 지방 대신에 올리브 오일로 대체한다.
 - 올리브 오일로 요리하면 건강뿐 아니라, 미각적인 측면에서도 요리의 품격과 맛을 더 풍부하게 살려준다. 칼로리 섭취에 있어서 지방에 의한 칼로리는 30%를 넘지 말아야 하고, 포화 지방산에 의한 섭취는 8%를 넘지 말아야 한다.
3. 한 끼 식단에서 생선의 섭취량을 높이는 것이 바람직하며, 닭고기나 달걀 섭취량은 중간 또는 그 이하 정도로 한다.
4. 육류는 한 달에 몇 회 정도로만 제한한다. 와인을 마시는 것은 선택이지만, 만약 마신다면 반드시 식사와 함께 한다. 최대 2잔 정도가 좋다.
5. 전형적인 지중해산 재료를 이용한다.
 - 케이퍼, 올리브, 신선한 허브 종류, 강판에 간 레몬, 오렌지 한 조각 등 신선한 식품을 이용한 양념이 소금을

넣는 것보다 건강에 좋을 뿐 아니라 맛도 더 좋게 한다.
6. 여러 사람과 같이 식사한다.
 - 지중해 지방 사람들은 인생의 낙을 식사 시간에서 찾
  을 만큼 식사 시간에 갖는 의미가 각별하다. 가족, 친
  구와 함께 보내는 최고의 시간을 의미한다. 식사 시간
  은 여유롭게, 가족이나 친지와 함께, 즐거운 분위기에
  서 하는 것이 가장 바람직한 식사 방법이라 생각한다.

프랑스 국립건강의학연구소의 자료에 의하면, 지중해식 식
사의 가장 뚜렷한 건강의학상 특징은 불포화지방을 충분히 섭
취하고 포화지방 섭취량이 적다는 것이다. 불포화지방은 올리
브 오일, 카놀라오일, 생선, 씨앗, 너트류 등에 풍부하며 육류
와 육가공식품은 포화지방이 많다. 또 하루 2~3잔의 레드와
인을 즐기며 우유와 낙농 제품을 소량 즐긴다. 콩과 과일, 채
소 섭취량이 많으며 현미처럼 가공되지 않은 전곡을 즐겨 먹
는다. 전형적인 지중해식 저녁식사를 예로 든다면, 전식으로
검정올리브 대여섯 개, 본식은 스파게티, 치즈·너트·브로콜리
가 든 신선한 샐러드, 버터를 바르지 않은 두 조각의 빵과 와
인이다. 후식은 오렌지주스와 꿀로 향을 낸 딸기 한 컵 정도로
총 열량이 1,100kcal이며 총 열량 중 지방의 비율이 29%, 이
중 72%가 불포화지방이다.

모든 지방은 액체이건 고체이건 간에 단일 또는 복합불포
화지방산과 포화지방산을 어느 정도 함유하고 있다. 포화지방

산은 특히 건강에 위험한 것으로, 혈액 내에 유해한 콜레스테롤의 양을 증가시키는 것으로 알려져 있다. 이러한 유해 콜레스테롤의 산화 과정을 통해 심장 관련 질환과 동맥경화증을 유발하는 주원인으로 알려져 있다. 때문에 어떤 지방을 섭취하느냐, 한 끼 식단 안에서 지방산의 구성비가 어떠한가에 따라 건강이 좌우된다고 할 수 있다. 이러한 문제와 관련해 올리브 오일이 주목받는다.

그리스 크레타 섬의 주민들은 우리 몸이 필요로 하는 칼로리의 45%를 지질, 즉 기름기를 통해 섭취하는데, 이 중 33%가 올리브 오일을 통해서라고 한다. 지질 섭취가 많으면 보통 심장병 질환이 많고 평균 수명도 짧아야 하지만 이곳 사람들은 건강하게 장수하고 있다. 그 비결은 바로 올리브 오일 섭취에 있었던 것이다. 올리브 오일은 산화 방지 역할을 하는 비타민 E와 폴리페놀을 다량 함유하고 있다. 올리브 오일, 특히 엑스트라 버진 올리브 오일을 사용할 경우 세포의 산화 방지와 유해 콜레스테롤 감량 효과가 있으며, '자유기(free radical)'라고 불리는 유해한 물질로부터 신체를 보호해주는 역할을 한다. 또한 올리브 오일에 풍부한 비타민 E 성분은 혈액 흐름을 부드럽게 하고 혈전과 피로 성분이 쌓이지 않도록 조절한다. 호르몬 분비를 정상화시켜주며 근육을 강화해 노화를 방지한다. 결국 올리브 오일은 혈액의 응고를 막아주고 우리 몸에 유익한 고밀도 콜레스테롤을 높여 저질 콜레스테롤이 혈관에 눌어붙는 것을 방지, 혈액의 점도는 낮춰주어 혈액 순환을 좋게 하는 효과를 발휘하는 것이다.

올리브 오일의 모체인 올리브 나무는 성장속도가 느리고 수명이 길다. 올리브 나무는 기원전 4천여 년부터 존재했다. 기원전 1200년경 페니키아인들이 시실리 지방까지 이르는 이탈리아 전역에 올리브 나무를 전파했는데, 이 지중해 연안의 기후와 토양은 올리브 나무 재배에 매우 좋은 환경이었다. 올리브 나무의 종류에는 약 100가지 이상이 있으며, 각각 다른 향과 성질을 가진 올리브 열매를 생산한다. 다양한 종류의 올리브 나무들 중 90%가 지중해 연안에 집중되어 있다. 올리브 나무는 매우 긴 수명을 가지며 20년이 지나야 비로소 성장이 되는데 약 35~150년산이 가장 좋은 품질의 올리브 오일을 생산한다고. 올리브 꽃은 5월에 피고 올리브 열매는 6월 말경에 자라기 시작해 녹색에서 자주색 그리고 검은색으로 변하게 되며 11월에서 1월 사이에 수확한다. 최상급의 올리브 오일 생산을 위해서는 올리브를 수확한 지 24시간 내에 반드시 올리브를 압착(pressing)해야 한다. 세정 과정을 거친 올리브는 휠wheel이나 해머hammer가 돌아가는 기계를 이용해 압착한다. 반죽 형태가 된 올리브는 오일을 분리하기 위해 반죽을 개는 니딩kneading 과정을 거친 후 용기에 담는 과정(decant), 원심 분리 과정(centrifuge)을 거친다. 이것을 적당한 용기에 담아두었다가 필터에 걸러 병에 담으면 올리브 오일 중 최상품인 엑스트라 버진 올리브 오일이 된다. 평균적으로 올리브 나무 한 그루가 연간 생산할 수 있는 올리브 오일은 1~2L에 불과하다. 5kg

(176온스)의 올리브를 수확한다면 겨우 올리브 오일 1L(34온스)를 생산하는 꼴이다.

올리브 과실은 단단한 껍질로 덮여 있고 쓴맛이 있어 자연 상태로는 먹을 수 없기 때문에 각 나라별로 가공법이 발달했다. 그리스에서는 소금물에 담가 쓴맛을 제거하고 반 년 정도 저장해 유산발효시켜 먹으며, 스페인에서는 알칼리 용액을 이용해 쓴맛을 제거한 다음 물로 씻어 다시 소금물에서 유산발효시킨 후 향신료와 조미료를 넣고 병조림하는 것이 일반적이다. 이상은 과실을 섭취하는 방법이며 올리브 과실 중의 35~70%에 해당되는 지질을 모은 올리브 오일은 지중해 사람들의 중요한 식재료이다.

모든 음식이 그렇지만, 먹는 일은 절대 지나쳐서 좋을 것이 없다. 장수식품이라고 하여 올리브 오일을 과다하게 섭취할 것이 아니라, 우리 몸에 필요한 지방질을 올리브 오일을 통해 섭취하는 것이 비결이다. 지방 섭취가 도를 넘어서 좋을 것이 없다. 오키나와식 장수식사법도 식습관을 바꾸고 조절하는 차원에서 참고할 부분이다. 세계적인 장수촌 사람들의 건강 비결은 음식 그 자체뿐만 아니라, 깨끗한 환경과 건강한 생활 습관, 적당한 노동에서 비롯되었다는 것을 잊지 말아야 한다.

인간이 태어나 처음 접하는 음식 – 모유

먹고 먹히는 자연의 세계에서 인간은 운 좋게도 먹이 피라미드의 제일 꼭대기에 자리 잡고 있다. 자연의 세계에서 우리는 소비자일 뿐이다. 하지만 먹이 피라미드와 상관없이 인간 역시 '먹거리'를 생산해내고 있으니, 인류의 반을 차지하는 여성들이 출산이라는 과정을 통해 만들어내는 '모유'가 바로 그것이다. 식물이 광합성을 통해 엽록소를 생산하고 그것을 바탕으로 성장하듯이, 인간 역시 출산이라는 매커니즘 안에서 모유라는 완벽한 먹거리를 생산한다. 그것은 후세를 성장시키기 위한 가장 중요한 성분들을 포함하고 있다. 오로지 인간을 키우기 위한, 인간을 위한 먹거리로서 대자연이 새로 태어난 아기를 위해 엄마 몸을 통해 전해주는 선물인 것이다. 모유는 단순한 화학 공식으로 설명하거나 복제해낼 수 없는 독창적인 먹거리로서, 철저하게 계산된 영양 성분을 함유하고 있다. 먹이 피라미드의 구조 속에서 인간은 그야말로 가장 운 좋은 소비자임에 틀림없다.

초유의 비밀

아기를 출산한 여성의 유방에서 처음 나오는 젖을 '초유'라고 한다. 그야말로 인간이 태어나 제일 처음 입으로 넘기게 되는 음식이다. 출산 후 4~10일 동안 초유가 분비되는데 양은 적지만 진하고 노르스름한 빛깔이다. 이 안에는 새로운 세상과 접한 한 생명체에게 꼭 필요한 무기로서의 영양성분과 평생을 살아가는 데 가장 필요한 면역 성분들이 함유되어 있다.

초유에는 대변을 묽게 하는 성분이 함유되어 있다. 아기가 대변을 쉽게 볼 수 있도록 도와주며 탈수를 방지한다. 또한 아기의 식도부터 위, 소장과 대장을 거쳐 청소해주는 역할을 한다. 세상에 첫 나들이를 나선 아기가 온갖 바이러스로부터 자신을 지켜낼 중요한 면역 성분도 이 초유를 통해 전해준다. 아기에게 필요한 면역체와 면역체를 만드는 단백질을 비롯해 아기를 보호해주는 많은 물질들이 함유되어 있는 것이다.

'IgG'라는 면역 물질은 몸속의 독성 물질과 낯선 침입자들을 중화시켜 주는데, 이는 초유에 가장 많이 함유된 물질이라고 한다. 무방비 상태의 아기에게 무엇이 가장 필요할지 철저하게 계산한 대자연의 선물임을 알 수 있다. 두뇌 활동을 예민하게 하여 집중력을 높여주는 성장 인자, 세균이 우리 몸으로 침투하는 것을 막아주는 성분, 낯선 환경에서 생길 수 있는 알레르기 방지 성분, 질병을 일으키는 박테리아를 파괴해 그 항체를 수년간 또는 평생 유지시키는 면역 성분 그리고 우리 몸에 각종 바이러스에 대항하여 싸우고 상처를 치료해주는 'T-cell'이라는 세포의 생산을 촉진시키는 성분도 이 초유 속에 들어 있다.

초유는 '세상'이라는 각종 바이러스가 들끓는 전쟁터에 나설 때 꼭 챙겨야 할 중요한 무기와 같은 것이다. 그러니 태어난 직후 초유를 챙겨 먹을 수 있었던 아기들은 인생 최고의 먹거리를 챙겨 먹은 행운아인 셈이다. 그리고 초유를 먹이는 과정을 통해 어머니의 젖도 더욱 발달하게 되어 이후에 젖이 더욱 잘 돌게 하는 것도 초유의 중요한 역할이다. 초유는 그야말로 신이 철저하게 계획해놓은 고귀한 먹거리이다.

그러므로 엄청난 산고를 겪고 난 후에도 여성들은 긴장을 늦출 수 없다. 곧 엄마의 몸에서는 아기의 평생 건강을 좌우할지도 모를 최고의 음식이 생산될 것이며, 그것을 아기가 받아먹을 수 있도록 훈련시켜야 하기 때문이다.

IQ를 높이고 정신적 공복을 채우는 모유

젖을 먹이고 먹는 행위는 단순히 배고픔만을 해결하는 게 아니라 엄마에게는 모성 본능을, 아기에게는 정서적 안정감까지 키우는 음식이다. 이렇게 복합적인 기능을 할 수 있는 다른 먹거리에 대해서는 들어본 적이 없다. 시력이 완벽하지 않은 아기들이 눈의 초점을 가장 잘 맞출 수 있는 거리가 30~40cm라고 한다. 아기를 안고 젖을 먹이는 엄마와 아기의 눈 사이 거리가 이 정도이다. 젖을 먹일 때 미소 짓는 엄마의 얼굴을 보는 아기는 시각적인 자극은 물론 정신적인 유대감까지도 키우게 된다.

따뜻한 모유를 먹으며 공복감을 채우는 동시에 엄마의 피부와 접촉하는 일은 정서적으로 아기에게 자극이 된다고 심리학자들은 말한다. 갓 태어난 아기가 가장 좋아하는 것이 엄마와의 피부 접촉으로, 낯선 세계에 대한 불안을 없애주고 정서적으로 안정을 준다. 아기는 태어난 직후 본능적으로 불안감과 외로움을 느낀다. 임신 기간 내내 엄마의 뱃속에서 엄마의 심장소리와 목소리를 들으며 늘 함께 있다가 비로소 떨어져 나왔음을 깨닫게 되기 때문이다. 그래서 젖을 먹는 동안 엄마의 심장 소리를 듣는 것을 좋아하고 그것을 통해 안정감을 느끼게 된다.

젖을 먹이는 행위는 엄마에게도 심리적인 자극을 준다. 젖을 먹이는 동안 엄마의 몸에서는 '프로락틴'이라는 호르몬이 분비되는데 이 호르몬은 모성애를 자극하는 호르몬이다. 아기가 젖을 물면 젖꼭지에 있는 신경의 끝을 자극해 뇌로 전달되어 분비된다. 심리학자들의 연구에서도 젖을 먹이는 어미 쥐가 새끼에 대한 보호 본능이 더욱 강하다는 것이 증명됐다. 또한 프로락틴은 여성들의 산후 우울증을 극복하는 데도 도움을 주어 더욱 육아에 충실할 수 있도록 하며, 배란을 억제해 생리가 다시 시작되지 않아 생리로 인한 철분 손실도 막아주며 자연스레 피임 효과로까지 이어진다. 이렇게 배고픔은 물론 정서적 공백까지 채워 인간의 정신을 키워주는 역할을 할 수 있는 음식도 없을 것이다.

또한 모유를 먹고 성장한 아기의 IQ가 최소 8~10 정도 더 높다고 전한다. 아기의 뇌는 태어날 때는 충분히 발달되지 않은 상태지만 3세까지 끊임없이 발달하고 성장한다. 연구 결과에 따르면, 분유를 먹은 아기보다 모유를 먹은 아기의 지능이 더 좋다고 하였다. 이는 1990년대 초 영국의 한 연구팀에 의해 증명되었다. 조산아로 태어난 아기들에게 모유를 먹이고 이 아기들이 8세가 되었을 때 분유를 먹고 자란 아기들과 비교한 결과, 모유를 먹은 아기들의 IQ가 훨씬 높았다는 보고였다. 물론 가정환경, 엄마의 교육 정도 등 지능에 영향을 미칠 수 있는 요소들을 조절하여 같은 조건의 아기들을 비교한 연구였다. 그 결과를 소개하면 아래와 같다.

첫째, 모유를 먹는 아기들은 분유를 먹는 아기들에 비해 IQ가 8~10 정도 높았다. 이러한 차이는 길게는 15세까지 지속되었다.

둘째, 모유를 먹으면 IQ가 높아지는 것은 만삭아보다 조산아, 미숙아에게 더욱 뚜렷이 나타나서 이 아기들은 IQ가 5.2 더 높아졌다.

셋째, 모유를 먹는 아기는 망막 발달이 촉진되어 시각이 더 빨리 발달하고 운동 기능도 더 빠르게 성장한다. 행동장애나 정서장애도 적은 편이다. 결과적으로, 모유는 신경계통의 전반적 발달을 촉진한다고 할 수 있다.

넷째, 모유를 먹은 효과는 먹는 기간에 비례하여 나타난다. 즉, 오래 젖을 먹는 아기일수록 더 많은 효과를 얻는다.

아기와 함께 성장하는 열린 먹거리, 모유

모유는 엄마의 몸에 항상 무균 상태로 신선하게 준비되어 있다. 게다가 엄마의 건강이 보장된다면 그야말로 '값싸게' 공급받을 수 있는 최상의 영양원이다. 모유가 더욱 값진 이유는 아기를 위해 적절히 변신하여 영양성분을 바꾸어, 늘 똑같은 성분이 아니라 아기의 필요에 따라 성분이 달라지는 '열린 먹거리'라는 점 때문이다.

모유는 아기의 연령에 따라서 성분이 달라지는데, 미숙아를 낳은 여성의 모유에는 고단백질 성분이 많아 성장이 모자란 아기에게 집중적으로 영양을 공급한다. 아기에게 무엇이 필요한지 엄마의 몸에 계산되어 있는 것이다. 또 아기가 성장해갈수록 자연스레 더 많은 열량을 필요로 하게 되는데 이때 모유의 열량도 함께 높아진다. 마치 엄마의 몸에 아기를 위한 칼로리 계산기가 부착된 것처럼 아기와 모유가 함께 성장하는 것이다. 또 모유의 성분은 기후에 따라서도 달라진다고 모유 전문가들은 전한다. 더운 지방의 엄마들은 수분 함량이 높은 모유를 생산해내고, 추운 지방의 엄마들은 지방 함량이 더 높은 모유를 생산한다는 것. 특히 모유는 엄마가 섭취하는 음식에 따라서도 맛이 달라지므로 분유를 먹는 아기들보다 다양한 미각을 경험할 수 있다고 한다.

또한 모유는 아기의 건강을 위한 면역체 성분을 가지고 있다. 아기가 뱃속에 있는 동안에는 엄마의 태반이 외부세계의 세균과 독성을 정화해 아기를 보호한다. 출생 후에 그 역할을 담당하는 것이 모유이다. 모유에 들어 있는 여러 가지 성분은 바이러스나 박테리아, 기생충 등으로부터 아기를 보호하고 질병을 예방할 뿐 아니라, 아기의 미성숙한 면역체계를 발달시키는 역할을 한다. 그 결과, 모유수유가 끝난 후에도 아기는 더 건강하게 자랄 수 있다. 세계보건회의와 유니세프는 과학적인 증거에 근거해 생후 6개월까지 아기에게 오직 모유만 먹일 것을 권장하고 있다. 유니세프에서는 금빛 리본으로 상징되는 모유수유 캠페인도 벌이고 있다. 리본에 금색을 사용한 것은 '모유수유가 아기수유에 절대적인 기준(gold standard)' 이라는 것을 의미한다. 다른 대체수유는 비교가 되지 않는다. 이렇게 소중한 먹거리인 모유가 소젖을 바탕으로 생산된 분유로 대체될 수는 없다. 그것은 어디까지나 제2안으로서의 먹거리이지 모유와 비교될 수는 없는 것이다.

　심리학자 프로이트는 이 세상에 아기가 태어나서 기쁨을 누리는 경험 중 최고의 일은 어머니의 젖을 빠는 행위일 것이라고 말했다. 물론 일차적으로 배고픔을 채우기 위한 생존적 욕구를 충족시키기 위한 수단이다. 나아가 모유를 먹는 행위는 비어 있는 감성의 배를 채워주는 행위이기도 하다. 아기가 반사적으로 모유를 빠는 과정에서 엄마의 젖꼭지를 입술로 물면 그 따뜻하고 부드러운 감촉을 통하여 감각적 만족을 얻게 된다는 것이다. 또한 손으로 엄마의 유방을 만지거나 쥐는 등의 행동은 촉각 면에서 아기에게 좋은 자극이 된다. 이러한 사실을 염두에 둔다면 모유를 먹일 수 없는 상황과 조건에서 아기에게 분유를 먹여야 할 때, 엄마의 가슴 가까이로 아이를 끌어안고 아기와 눈을 맞추는 등의 노력은 할 수 있을 것이다. 몸과 마음이 부지런히 커가는 아기들에게 먹는 행위는 한 인간으로 제대로 성장하기 위한 자극제이기 때문이다.

　하지만 우리나라의 모유수유는 퇴행의 길을 걸어왔다고 해도 과언이 아니다. 모유수유율은 유럽의 경제협력개발기구(OECD) 가입 국가 중 최하위이다. 오히려 가난에서 벗어나지 못했던 1960년대 말 우리나라의 모유수유율은 95%였고, 이후 분유가 우리에게 소개되면서 마치 분유가 모유보다 우수한 영양을 가지고 있는 양 그릇되게 인식된 경향이 있다. 2004년 현재 고작 20% 정도의 엄마들만이 모유를 먹이고 있다는 통계는 입맛을 씁쓸하게 만든다. 미국의 경우에는 우리와 반대이다. 1970년대 초 22%에 불과했던 모유수유율이 최근에는

70~90%에 육박한다고 한다. 모유수유를 할 때 남은 젖을 짜내어 젖의 양을 늘리기 위해 필요한 유축기를 생산해내는 기업들도 거의가 미국, 스위스, 영국 등의 브랜드임을 감안할 때 선진국들은 이미 모유의 가치를 제대로 인식하고 있음을 알 수 있다.

물론 모유를 먹이는 일은 쉽지 않다. 실제로 모유수유를 해온 엄마들의 경험담은 눈물겹기까지 하다. 모유에 대한 교육은 이미 학창시절부터 인식되어야 하고, 임신 단계부터는 모유를 수유할 수 있는 어머니의 몸을 만들기 위해 유두를 관리하고 가슴 마사지를 해야 한다. 또한 힘겹게 성공한 모유수유가 이어지려면 사회적인 인식도 달라져야 한다. 모유를 먹이는 모습이 성적 자극이 아닌 모성의 상징으로 여겨지는 사회 분위기가 조성되어야 한다는 말이다. 모유수유모들은 한결같이 자신들이 젖을 먹일 때 마치 자신들이 공중도덕을 어긴 듯한 불편한 시선을 느끼게 된다고 고백한다. 수시로 젖을 먹어야 하는 아기들을 위해 엄마들은 어디서건 편안하게 수유할 수 있어야 한다. 과연 우리의 아기들은 어디에서 젖을 먹어야 할까. 엄마와 아기가 편안한 식사시간을 가질 수 있는 공간은 어디일까. 그런 공간을 뺏어버린 것은 모유의 가치를 제대로 알지 못하는 무지한 사람들의 시선, 모유에 대한 교육의 부재인지도 모른다.

인간이 태어나 처음 접하는 먹거리인 모유. 우리가 음식 섭취를 통해 얻고자 하는 건강과 행복의 메시지가 이미 어머니의 몸을 통해 계획되어 있었음은 참으로 신기하기까지 하다. 이렇게 소중한 먹거리, 인생의 단 몇 개월 혹은 몇 년 동안만 먹을 수 있는 이 먹거리를 제대로 섭취하고 성장할 수 있는 기회를 가진 아기는 분명 운 좋은 미식가임에 틀림없다.

자연스런 채식 중심의 식문화 – 한식

먹거리가 풍부한 시대, 사람들은 이제 배를 채울 거리가 아닌 건강과 마음까지 풍성하게 해줄 음식을 찾는다. 그동안 먹어온 무절제한 육식을 반성하고 채식을 옹호하며, 나아가 화학물질로부터 자유로운 유기농 채식을 최고의 음식으로 친다. 밥상 위의 '풀'이 더 이상 가난을 상징하지 않는 시대이다.

하지만 우리네 식재료가 현대 물질문명으로 인해 더러워졌음은 반성하되, 그 식문화의 체계와 뿌리는 요즘의 식생활에 들어맞는 것임을 감사히 여기게 된다. 쌀을 주식으로 하고, 장과 발효 김치를 중요한 축으로 채식 위주의 식생활을 이어온 우리들이다. 프랑스와 중국의 음식을 진미라 할지언정 건강식이라고는 하지 않는다. 단지 프랑스의 와인과 지중해의 올리브 오일이 대표적인 건강식품으로서 현대인의 주요 질병인 심혈관계 질환을 예방해준다고 예찬할 뿐이다. 일본의 스시는 그 직선적인 매력으로 서양에서는 멋쟁이들의 음식이자 건강식으로 통했고, 이국적 스타일을 덧입고 동양으로 역수출되기까지 했다. 그리고 이제 식전문가들은 우리의 한식이야말로 가장 자연스럽게 채식 중심으로 발전시킨 식문화라는 차원에서 주목하기 시작한다. 한식韓食의 힘, 우리 음식도 세계적인 경쟁력을 가질 수 있을까.

자연스런 방식의 채식, 생채와 나물 그리고 쌈

우리 음식 중 세계적으로 가장 주목받고 있는 것을 꼽으라면 단연 비빔밥을 들 수 있다. 이 비빔밥을 들여다보면 밥과 여러 가지 나물과 생채가 어우러진 음식으로, 서양인의 눈으로는 '데쳤거나 생것인 샐러드의 조합'이다. 이렇듯 우리 민족은 채소가 가진 향미와 질감을 이용해 채소 요리인 나물과 생채를 발전시켰다. 나물은 채소, 산나물, 들나물, 뿌리 등을 데치거나 찌거나 볶아 내어 갖은 양념으로 무쳐 내는 음식이다. 이에 반해 생채는 날 채소를 양념해 먹는 음식으로, 열로 인한 영양소 손실이 적은 반면 풍미와 영양소를 유지하기 위해 재료의 신선도가 중요하다.

두 종류의 음식 모두 채소를 효과적으로 섭취하기 위한 조리법이라는 데 의의가 있다. 많은 사람들이 비타민제를 상용하지만, 약으로 섭취하는 것보다 나물이나 생채로써 먹는 것이 영양학적으로 우수하다고 전문가들은 입을 모은다. 또한 채소의 식이섬유는 식사의 포만감을 높이되 열량은 낮아 현대인의 고질병인 비만을 방지하며, 장 속의 유해한 콜레스테롤을 몸 밖으로 배출시킨다. 과일에도 식이섬유가 풍부하지만 또한 당분 함량도 많아 채소보다 열량이 높다. 체중 조절 차원에서는 채소를 이용한 식이섬유 섭취가 효과적이라는 뜻. 또한 채소가 과일보다 무기질과 비타민이 많으며 특히 푸른 잎 채소는 철과 칼슘 함량도 높다.

우리나라는 사계절이 뚜렷해 사철 다른 재료를 올려 상차림에 계절감을 살렸다. 봄에는 냉이, 달래, 죽순(이상 3월), 쑥, 고사리, 취나물, 씀바귀(이상 4월), 더덕, 봄배추, 시금치, 미나리, 근대, 아욱, 부추(이상 5월)를 즐겼으며 여름에는 두릅, 가지, 참나물, 우엉잎(이상 6월), 열무, 오이, 노각(이상 7월), 애호박, 깻잎(이상 8월)을 즐겼다. 가을에는 가지, 토란줄기, 버섯, 고구마줄기, 박고지, 무(이상 9월), 가을배추와 늙은 호박(이상 10월), 연근, 무청(이상 11월)이 제철 나물이었다. 겨울에는 움파(12월)와 가을에 갈무리해놓은 묵은 나물(1월) 그리고 우엉(2월) 등을 즐겨 먹었다.

모든 식생활에 있어 균형이 중요하듯 식사에서 식이섬유의 함량이 지나치게 많으면 이롭지 않다. 장운동이 지나쳐 칼슘, 철분 등 무기질의 흡수를 방해할 수 있기 때문이다. 또 물을 충분히 마셔 과도한 식이섬유로 인해 변이 단단해지지 않도록 해야 한다.

쌈이란 채소잎이나 나물 위에 밥을 얹고 쌈장을 곁들여 싸서 먹는 것으로 상추, 호박잎, 어린 배춧잎, 취나물, 깻잎, 양배춧잎, 콩잎 등 채소류 외에 김, 다시마, 미역 같은 해조류도 이용된다. 우리 민족이 가장 좋아하는 서민적인 상차림이지만, 전통적인 양반사회에서는 쌈을 먹는 모습이 점잖지 못하다 하여 부녀자들은 꺼리도록 하였다는 기록이 있다. 하지만 궁중 음식이기도 한 구절판의 경우, 밀가루로 만든 밀전병에 갖가지 소를 넣어 싸서 먹었으니 이것도 일종의 쌈이라고 볼 수 있다. 궁중에서도 대표적인 쌈인 상추쌈을 약고추장이나 강된장찌개 등과 곁들여 먹었는데, 상추의 찬 기운을 보하기 위해 따뜻한 성질의 계피차를 꼭 마셨다고 한다.

어떤 이는 쌈의 풍습은 정월대보름에 행하는 '복쌈'과 상통하여 '복을 싸서 먹는다'는 의미로 해석하기도 한다. 쌈을 싸서 먹는 행위가 재미있기도 하지만, 수저보다는 손 자체를 이용해 먹는 음식이라는 차원에서도 가장 자연스럽고도 원시적인 식생활 형태라고 해석하기도 한다.

하지만 무엇보다도 '쌈'이라는 형태의 음식은 현대의 식생활에서 '싱싱한 자연 그대로의 것'을 먹는다는 데에 큰 의의를 둘 수 있다. 최근 일본 등지에서 시작되어 우리나라까지 넘어온 '거친 음식' 신드롬(되도록 가공과정을 거치지 않은 자연 그대로의 전통 식사법을 지향하는 것으로 가공 과정을 충분히 거친 백미 대신 현미를, 과일과 채소는 껍질과 뿌리까지 통째로 섭

취하는 등 인간의 손을 최소화한 자연스런 식품 섭취법을 뜻한다)
에서 알 수 있듯, 현대인들은 복잡한 과정을 거치지 않은 자연
의 음식이 절실함을 깨닫게 되었다.

쌈은 채소가 가진 독특한 향미와 질감을 가장 자연스러운
형태로 즐길 수 있고, 몇 가지 삶아 먹는 쌈을 제외하고는 열
에 의한 조리 과정을 거치지 않아 비타민의 손실이 없다는 것
을 최대의 장점으로 꼽을 수 있다. 채소의 식이섬유는 우리 몸
에서 대변량을 증가시켜 노폐물을 효과적으로 배설시키고, 혈
당량을 저하시켜 인슐린 요구량을 감소시킨다. 여기서 채식이
성인병 예방과 치료에 효과적인 이유를 찾을 수 있다. 또한 쌈
에 필수적인 쌈장은 콩이 주원료인 된장, 고추장 등이 이용되
어 채소의 비타민과 장의 단백질이 적절히 조화를 이룬 것도
영양학적으로 논리적이다. 알칼리성인 쌈과 산성인 밥, 고기
와의 궁합도 훌륭하다. 단, 쌈이 영양학적으로 우수하다는 것
을 이야기할 때, 날것으로 먹는 음식이기에 화학물질에 오염
되지 않은 채소여야 한다는 점이 더욱 중요해지는 요즘이다.

젖산 발효, 김치

다른 나라에 없는 대표적인 가전제품 중 하나가 바로 '김치
냉장고'일 것이다. 김치라는 음식을 위해 냉장고 하나를 더 장
만하는 사람들에게 김치의 의미를 새삼 논할 필요는 없을 것
이다. 더구나 김치의 능력은 지난 사스SARS(중증 급성 호흡기

증후군) 파동 때 실감할 수 있었다. 김치가 면역력을 증강시켜 사스를 예방하는 식품으로 집중적인 관심을 받으면서, 우리에게도 김치의 소중함을 다시 한 번 일깨운 사건이었다.

각종 야채의 신선한 풍미, 소금 맛, 매운 향신료의 맛, 젓갈의 감칠맛 그리고 젖산의 신맛이 어우러져 제대로 된 김치의 맛이 완성된다. 특히 가장 주목할 점은 바로 젖산이 만들어낸 신맛이다. 일본의 '기무치'와 우리 김치의 다른 점이 젖산에 의한 '발효'이다. 우리의 김치는 발효 식품이기 때문에 독특한 풍미와 영양을 가지고 있지만, 일본의 기무치는 대부분 발효시키지 않은 상태에서 먹기 때문에 단순한 절임 식품에 불과하다. 절임류라고 해서 발효가 전혀 일어나지 않는 것은 아니므로 지금도 김치의 정체성에 대한 논의는 진행 중이다. 김치 발효를 학계에서는 전문적으로 '젖산 발효'라고 구분한다. 주요 재료인 배추와 무의 세포 속에 있는 효소가 작용해 생겨난 당분이나 아미노산이 여러 미생물의 먹이가 되고, 미생물들이 자라면서 김치의 발효가 시작된다. 이 중 가장 중요한 미생물인 젖산균이 생겨나 젖산을 만들어낸다. 염분과 젖산균이 만들어낸 산에 의해 다른 미생물들은 점차 죽게 되어 결국 젖산균이 김치 안에 남게 된다.

김치가 막 발효되기 시작할 때는 젖산 이외에 유기산과 탄산가스까지 생산하는 '이상 젖산발효균'이 왕성하게 활동한다. 김치 국물이 보글거리거나 용기에서 넘쳐흐르는 것은 이들 이상 젖산발효균 때문이다. 하지만 김치가 완전히 익는 단계에서는 '정상 젖산발효균'이 젖산만을 생산해 산성 상태로 발효가 안정된다. 이때의 김치는 비로소 상쾌하게 신맛을 내면서 김치다워진다.

우리 김치의 우수함은 바로 이 젖산균과 젖산 때문이다. 즉, 잘 익은 김치가 영양상의 경쟁력을 갖는 것이다. 젖산은 우리 몸 안에서 소화 효소 분비를 촉진시키고 유해한 세균의 번식은 억제하며, 소화된 음식물이 잘 배설될 수 있도록 돕는다. 또 젖산균은 발암 물질 생성을 억제하는 효과가 있고, 김치가 발효되는 과정에서 여러 가지 비타민 B군을 발생시켜 비타민 함량을 2배 가까이 높여주는 효과가 있다. 또한 젖산균은 해로운 균을 죽일 뿐 아니라 몸 안에 있는 회충의 알까지 죽여 그 옛날에는 구충제 역할까지 도맡았던, 그야말로 건강식품이었다.

김치의 레시피는 넓게는 지방별로, 좁게는 집집마다 다르다고 해도 과언이 아닐 만큼 다양하다. 주재료에 따라 나누는 김치류만 해도 배추김치, 나물김치, 물김치, 깍두기류, 동치미류 등이며 명칭상 구분되는 것만도 200여 종이 넘는다. 일반적으로 겨울용 김장 김치는 양념 재료를 많이 사용하고 여름철에는 좀더 담백하게 담근다. 남쪽 지방에서는 짜게, 북쪽 지방에서는 싱거운 대신 맵게 담근다. 젓갈도 서울 지방은 새우젓을 선호하는 반면 전라도 지방은 멸치젓을 애용한다.

김치가 가진 영양학적 우수성은 풍부한 속재료와 양념에서도 찾을 수 있다. 주요 양념은 고춧가루와 마늘, 젓갈을 기본으로 굴이나 오징어, 명태살 같은 해물이 첨가되기도 한다. 고 춧가루의 캡사이신capsaicin, 마늘의 알리신allicin 등은 항산화, 항균, 항암, 콜레스테롤 저하, 동맥경화 억제, 체지방 분해의 작용을 한다. 결국 김치를 먹음으로써 미용 효과로서 노화가 방지되고 다이어트 효과가 있으며 면역력이 증강되는 것은 모 두 이들 덕분이다. 한때 일본 등지에서 유행해 우리나라로 넘 어온 '고춧가루 다이어트'는 고추 안의 매운 성분인 캡사이신 을 이용해 체지방을 분해한다는 이론을 바탕으로 한 것이다. 또한 첨가된 젓갈과 각종 해물은 김치에 부족한 단백질을 제 공하며, 화학적으로는 김치 재료의 성분을 변화시켜 김치의 맛을 내는 역할을 한다. 단지 저염식이 건강에 좋다는 차원에 서 소금의 양을 줄이면서도 저장성을 높일 수 있는 방법이 좀 더 연구되어야 한다.

김치의 젖산균이 변질되지 않도록 하려면 김칫독에서 김치 를 꺼낸 다음 공기가 들어가지 못하게 꼭꼭 눌러놓아야 한다. 공기를 통해 기타 세균이 김치 속에 자라면 김치의 젖산 발효 가 원활하게 이루어지지 않는다. 오래 묵은 김치의 군내는 이 런 기타 세균과 곰팡이의 작용 때문이다.

콩의 발효, 장

김치는 물론이고 간장, 된장, 고추장, 청국장 등의 장류 역 시 우리나라의 대표적인 발효식품이다. 주원료가 콩과 소금인

장은 모든 음식의 맛을 결정하는 조미료이자 주요한 단백질 공급원이었다. 우리나라에 콩을 주원료로 한 장류가 발달한 것은 기원전 5세기부터 이미 콩을 재배해왔다는 역사적 사실과도 밀접한 관련이 있다. 또한 삼면이 바다인 지리학적 조건은 소금을 풍부하게 생산할 수 있는 원동력이었다.

우리 민족이 이 장류를 얼마나 중요시해왔는지는 민간 풍습에서도 엿볼 수 있다. '장맛이 변하면 집안이 망한다'는 말이 있는 것을 보면, 여자들에게 집안의 장맛을 지키는 일이 얼마나 중요한 소임인지 알 수 있다. 장 담그는 날은 길일을 택해 하였으며, 장을 담근 후에는 행여나 부정이 타지 않도록 금줄을 치고 버선본을 거꾸로 붙이는 등 액땜을 위해 온 신경을 썼다.

지금은 장의 종류도 손에 꼽을 정도로 줄었고 만드는 법도 단순화되었지만, 조선 시대에는 그 종류만 20여 종에 달했다고 한다. 예부터 있던 일반적인 장류에는 청장淸醬, 즙장汁醬, 담북장淡北醬, 청국장淸麴醬, 고초장苦椒醬 등이 있고, 이 외에 청태장靑太醬, 소두장小豆醬 등 특수한 장류도 있었다. 흉년이 들어 콩이 부족할 때에는 콩잎, 콩깍지, 느릅나무열매 등도 간장과 된장에 이용하였다고 한다.

장 담그기는 메주를 만들어 띄우고, 장을 담그고 장을 뜨기까지 초겨울부터 이듬해 초여름까지 이어지는 중요한 연중행사였다. 간장은 메주와 물, 소금을 원료로 된장에서 추출한 용액으로, 탄수화물 및 단백질을 분해하는 미생물의 작용에 의해 만들어지며, 후숙 과정에서는 각종 향미 성분을 생성하는 미생물이 생겨난다. 우리나라 재래식 장류는 이러한 야생의 미생물을 이용하고 있어 기후, 환경, 제조 방식에 따라 맛과 품질이 다양했다.

간장과 된장 만드는 법은 대략 다음과 같다. 잘 말린 메주에 소금물을 풀어서 앙금을 가라앉히고 소독한 항아리에 넣고 준비한 소금물을 체에 걸러 붓는다. 항아리를 양지 바른 곳에 놓고 숯, 대추, 고추 등을 띄우고 망사로 잘 봉합한 후 뚜껑을 덮는다. 사흘이 지나면 매일 뚜껑을 열어 볕을 쬐게 하고 한 달 반에서 두 달 후 까맣게 빛깔이 들면 메주를 꺼내 간장과 된장으로 분리한다. 메주를 건져낸 간장물을 체에 걸러 솥에 붓고 달여 거품을 걷어내고 식힌 후 다시 독에 붓는다. 낮에는 뚜껑을 열어 볕을 흠뻑 쪼이고 저녁에는 뚜껑을 덮는다. 메주에서 간장을 너무 많이 뽑으면 된장이 맛이 없다고 하여 메주 가루를 일부 남겨두었다가 된장용 메주에 다시 넣어주는 방법을 쓰기도 한다. 우리의 장은 항아리와 함께 관리를 해야 하는데, 오래 보관하려면 잘 달여 잡균을 제거하고 햇볕을 자주 쏘여주며 항아리 위의 곰팡이를 깨끗하게 걷어주어야 한다. 순수한 자연발효식으로 만든 간장은 오래 발효시킬수록 맛이 좋아진다. 음식의 간을 맞춰주면서 우리 몸의 면역력을 높여주는 역할도 한다.

된장이 우리 몸에 좋다는 사실은 이미 잘 알려져 있다. 된장에 대한 각종 연구 자료에 의하면, 콩 속의 사포닌과 토코페

롤 성분이 항산화 작용을 해 우리 몸의 노화를 더디게 한다(노화는 산화 과정을 통해 이뤄진다). 특히 자연발효시킨 재래된장의 항산화 작용은 더욱 뛰어나다. 된장이 짙은 갈색으로 발효, 숙성되는 과정에서 생성된 물질이 된장 성분 자체의 산화를 막아 안정된 식품이 되도록 도와주기 때문이다. 때문에 노인성 치매를 예방하는 효과로도 이어진다고 전문가들은 밝히고 있다. 이 밖에도 전문가들이 밝혀낸 된장의 효능은 무궁무진하다. 혈압을 낮춰 고혈압에 효과가 있으며, 콜레스테롤을 제거해줌으로써 혈관을 탄력 있게 한다. 우리 몸, 특히 간 속의 독소를 몸 밖으로 배출시키며 각종 음식물의 독을 푸는 데도 효과가 있다고 한다. 민간에서는 체했을 때 된장을 묽게 끓인 국을 먹여 체기를 풀었으며, 아침 공복 때 생수 한 컵에 된장을 2분의 1큰술 정도 풀어 마시면 숙변을 보게 된다고 하니 참고할 만하다.

청국장은 제조법이 중국에서 전해졌다 하여 이름 붙여졌다. 전통적인 청국장은 콩과 볏짚을 이용해 만들 수 있다. 오랫동안 불린 콩을 최소한 6시간 이상 삶아 뜨거울 때 볏짚을 깔고 그릇에 담아 따뜻한 방에서 2, 3일 보온한다. 볏짚에 붙어 있는 야생 미생물이 번식해 실 모양의 끈적한 진이 생기면서 청국장균이 발아 번식하면 소금을 넣고 찧어 청국장을 완성한다. 이 끈적한 물질은 바실러스 균에 의한 것인데, 항암효과와 혈전용해작용을 한다고 한다. 우리 몸의 세포 또는 혈관벽에 부착된 유해한 콜레스테롤을 몸 밖으로 배설하는 역할을 해

동맥경화와 고혈압 예방에 효과적이다. 청국장 1g에 약 10억 마리 이상의 청국장균이 생기는데, 이 균은 우리 장내에서 유익한 미생물의 작용을 도와 설사나 장염을 예방하며 변비를 막아준다. 또한 콩에 풍부한 칼륨이 우리 몸의 나트륨 양을 조절해 혈압을 정상화하는 데 도움을 준다. 담북장은 청국장보다 콩을 띄우는 기간이 짧아 콩의 본맛이 많이 남아 있으며, 보통 된장보다 더 담백하다.

고추장(원래 매운 양념을 초장椒醬이라 했는데 이후 고추가 들어오자 이를 일컬어 고초苦椒라고 적다가 고추고추장으로 정착되었다는 설이 있다)은 고추가 우리나라에 도입된 임진왜란 직후, 즉 16세기 경부터 만들어졌다고 보고 있어 비교적 역사가 짧다. 하지만 한국인의 힘을 이 매운 고추맛에서 찾을 만큼 고추장은 대표적인 민족 음식으로 통한다. 전통적으로는 쌀, 찹쌀, 보리, 밀로 만든 떡에 메줏가루와 고춧가루, 소금을 섞어 만든다. 고추 속의 캡사이신이라는 성분이 체세포를 자극하여 효소를 분비시키고 신진대사를 촉진시키는 역할을 한다.

즙장은 찐 밀과 콩을 섞은 뒤 고온으로 단기간에 발효시켜 만드는 장으로, 주로 여름에 담가 먹었다. 색깔은 된장보다 어두운 노란색이나, 맛은 된장보다 고소하고 단맛이 난다. 주로 쌈장이나 오이, 풋고추를 찍어먹는 장으로 서민층에서 널리 이용되었다. 즙장은 메주와 밀, 콩 등을 빻아 찐 다음 빚어 닥나무 잎을 덮어 띄워 말린 다음, 소금과 물을 섞어 장항아리에 담고 이것을 말똥 속에 묻어 익힌다. 높은 열을 유지하기 위해

퇴비더미 속에서 단기간 발효시키는 것인데, 그래서 즙장은 '말똥즙장'이라고도 불렸다. 그러나 제조상의 어려움과 밀 경작이 줄어듦에 따라 1900년대 초부터 우리 식탁에서는 점차 사라졌다.

한식의 개발과 세계화를 위한 흐름들

최근 한식을 공부하는 젊은 학생들이 많이 늘고 있는 것은 반가운 일이다. 그동안 학계에서는 식품영양학자가, 실생활의 요리에서는 요리연구가들의 한식 연구 활동이 중심이었다. 그리고 몇 년 전부터는 '푸드스타일리스트foodstylist'라는 새로운 직종도 등장했다. 광고, 잡지, 방송 등 다양한 매체에서 활동하는 이들은 '푸짐한 것이 먹기 좋다'는 식이 일반적이었던 한식의 모양새를 변화시킨 일등공신이다. 서양식에 비해 음식을 꾸미는 테크닉이 발달하지 않았고, 색감과 모양새가 자연 재료에 가까운 한식을 맛깔스럽게 연출하는 법을 고민하고 선보이는 것이 이들의 일이다.

또 이제 한식 요리연구가들은 전통 방식만을 고수하지 않고 새롭게 거듭난 한식, 즉 한식을 서양식처럼 전식–본식–후식의 코스 요리로 개발하면 어떨까 하는 문제에 대해 고민한다. 일종의 한식의 퓨전fusion화 현상이다. 최근 문을 연 한식 레스토랑에서는 자연스럽게 한식 코스 요리를 만날 수 있다. 양념을 변화시킨 나물이나 생채 등을 샐러드의 자리에, 맑은

국이나 죽은 수프의 자리에, 갈비나 너비아니 구이 또는 전복
이나 더덕 같은 고급 식재료를 이용한 요리 등 몇 가지 일품
요리를 본식의 자리에 배치할 수 있다. 밥을 먹어야 식사가 완
성되는 우리의 식습관상 이러한 코스식의 말미에 밥과 국과
김치, 간단한 찬 등을 짜맞춰 식사를 마무리하도록 하는 것도
한식 코스 요리만의 특징이 될 수 있다. 한식은 음료와 디저트
부분이 약한데, 이 부분은 궁중음식이나 사찰음식의 다과상에
서 참고해 다양한 메뉴를 개발할 수 있을 것이다. 더불어 '와
인'이라는 음식이 가진 보편적 인기를 빌려 한식에 어울리는
와인을 찾아내 꾸준히 소개하는 일도 한식의 세계화에 밑거름
이 될 수 있다.

　'채식 중심의 식문화'라는 차원에서 보았을 때 한식은 가장
독창적이다. 이러한 특징을 살려 채식주의자를 위한 메뉴로서
'코리안 푸드'를 소개하는 일은 분명 개발 가치가 있다. 몇 년
전, 한 특급호텔에서 미국 톱스타의 방한에 맞춰 그의 이름을
딴 채식 비빔밥을 메뉴에 올렸던 것이 크게 주목받은 적이 있
었다. 채식주의자인 그는 우리나라에 머무는 동안 두고두고
이 음식을 즐겨 먹었다고 한다. 이러한 이벤트는 뜻깊은 연구
를 이어온 한식 연구가들의 눈에 자칫 한식을 너무 가볍게 여
기는 것으로 보일 수도 있지만 전통과 고집, 장인정신을 중요
하게 생각해왔던 한식 문화의 내부에 조용한 자극, 즉 전통을
파괴하는 것이 아니라 새롭게 거듭나고 개발해야 한다는 자극
이 되었을 것으로 본다. 더불어 한식의 가능성에 대한 기분 좋

은 전망까지 말이다.

물론 전통 한식으로 남아야 더욱 가치가 있는 음식들도 있다. 한식 내의 몇 가지 하위 개념인 사찰 음식, 반가 음식, 궁중 음식 등은 그 독특한 계급 문화를 반영한 음식으로 소개해 한식에 대한 관심을 끌 수 있다. 프랑스 음식에 전 세계가 그토록 열광하는 이유 뒤에는 '프랑스 음식=귀족 음식 문화'라는 인식도 작용하기 때문이다. 우리의 이러한 음식들은 독특한 동양의 문화로서 다채로운 시각으로 소개될 수 있을 것이라 믿는다.

또 대대로 도자기 문화가 발달해온 경기도 이천 지방을 중심으로 '테이블 세팅 전시회'나 각종 식문화 이벤트가 열리고 있는 것도 반가운 일이다. 다만 이런 문화적 흐름의 중심에 한식을 연구 개발하고 세계적으로 알릴 수 있는 취지가 숨어 있어야 할 것이다.

우리 음식의 줄기를 더듬어 보면 서양에 비해 식재료가 풍부하지 못했던 환경에도 불구하고 효과적으로 음식을 개발해 왔음을 알 수 있다. 농경이 발달하면서 곡물이 주요 에너지원으로서 가장 중요한 자리를 차지했고, 부식으로서 채소가 비타민과 무기질을 공급했다. 사계절에 걸쳐 달리 자라나는 채소를 이용한 나물 문화는 순하고 자연스런 식생활을 대표한다. 또한 자연 그대로의 채소를 이용한 쌈 문화는 최근의 자연식 붐과 호흡을 같이 하며 복을 기원하는 주술적인 의미도 찾을 수 있었다. 콩과 소금 그리고 발효의 힘을 이용한 장류는 채식 위주의 식생활에 주요한 단백질 공급원으로서 영양의 균형을 찾아주기도 했다. 젖산을 통한 발효로 전혀 새로운 영양을 공급해준 김치는 두말할 것도 없다. 우리 음식의 영양을 논함에 있어 가장 자주 쓰였던 말이 항암, 항산화, 노화 방지였다는 점을 상기한다면, 현대의 식생활에서 우리 전통식이 어떤 위치를 차지할 수 있을지는 자명한 일이다.

세계적으로 장수음식으로 꼽히는 요리나 음식은 있다. 앞서 말한 대로 항산화 작용으로 주목받는 '프렌치 패러독스'의 레드와인, 우리 몸에 유익한 고밀도 콜레스테롤을 높여 저질 콜레스테롤이 혈관에 눌어붙는 것을 방지하는 올리브 오일처럼 건강에 좋다고 인정되는 음식은 나열할 수 있다. 하지만 한식처럼 종합적으로 우수한 식문화를 가진 나라들은 많지 않다. 우리의 음식은 채식 안에서 영양의 균형을 찾고자 하였기에 현대의 식생활에 본받을 만한 의미가 있고, 특히 다양한 발효음식을 통해 독창적인 식문화를 꽃피워왔다. 그러나 한식이 이렇게 영양학적인 경쟁력을 갖고 있다고 해도 진정 세계적인 음식으로 발돋움하기 위해서는 부족함이 있는 것이 현실이다. 서양 음식들이 맛 못지않게 추구하고 있는 아름다운 음식의 모양새와 상차림법 등에서 말이다.

한식의 요리 한 접시, 밥 한 그릇을 따로 논해서는 의미가 없다. 한식은 밥과 부식이 동시다발적으로 차려지는 '한 상 문화'이기에 그러하다. 한식연구가들은 한식을 세계에 수출하기 위해서는 음식 중심이 아닌, 한 상 중심의 상차림 연구가 더욱 필요하다고 입을 모은다. 구미를 당길 수 있는 예술품으로서의 한식 차림에 대한 고민을 바탕으로 전통적인 식생활을 지켜가야 할 것이다.

참고문헌

게오르크 A. 베트, 『카사노바의 열정과 함께 하는 쾌락의 요리』, 해냄, 2001.

김창무, 『알고 먹어야 병이 낫는다』, 하남, 2002.

김혜숙, 『지혜로운 엄마, 아빠는 왜 모유를 먹일까』, 현문사, 2004.

나카가와 유조, 『식탁 위에 숨겨진 항암식품 54가지』, 동도원, 2000.

미우라 마사요, 『몸에 좋은 음식물 고르기』, 사람과책, 2000.

선재스님, 『229가지 자연의 맛 선재스님의 사찰음식』, 디자인하우스, 2000.

손진호, 『와인』, 대원사, 2003.

신재용, 『밥상 위에 숨은 보약 찾기』, 삶과 꿈, 2002.

유태종, 『유태종 박사의 식품 동의보감』, 아카데미북, 1999.

유태종, 『음식궁합』, 아카데미북, 2001.

이연자, 『자연의 맛 우리 차요리』, 쿠켄, 2002.

이주호, 『이제는 와인이 좋다』, 바다, 1999.

이철호 외, 『새로 쓰는 우리 음식 이야기』, 유림문화사, 1995.

『쿠켄』, 2002년 3월호, 2002년 11월호, 2003년 2월호, 2003년 4월호, 2003년 11월호.

『향신료』, 창해, 2000.

한국의 맛 연구회, 『한국의 나물』, 북폴리오, 2004.

도완녀, 『된장을 연주하는 여자』, 해냄, 2002.

Anthony Rowley, *Les Français à table*, Hachette, 1997.

André Domine·Joachim Romer·Michael Ditter, *Europe à la carte*, Könemann, 1999.

큰 글자로 읽는 세상의 모든 지식
〈살림지식총서〉

윤진아(midori0303@hotmail.com)
경희대학교 국어국문학과 졸업.
전 식문화전문지 『쿠켄Cookand』기자.
논문으로 「오정희 소설을 통해 본 여성의 자아정체성 찾기」 등.
KOCIS(해외문화홍보원)에서 영문판으로 『K-Food : Combining flavor, Health, and Nature』를 발간하여, 해외에서도 관심이 일기 시작한 우리의 한식 문화를 흥미롭게 소개함.
현재 KBS 라디오, TBN 교통방송 등 다양한 매체에서 음식 칼럼니스트로 활동 중.

큰글자 살림지식총서 021

음식 이야기 한 미각 탐험자의 별미의 과학

펴낸날	초판 1쇄 2012년 10월 15일
	초판 3쇄 2020년 1월 30일

지은이	윤진아
펴낸이	심만수
펴낸곳	(주)살림출판사
출판등록	1989년 11월 1일 제9-210호

주소	경기도 파주시 광인사길 30
전화	031-955-1350　팩스 031-624-1356
홈페이지	http://www.sallimbooks.com
이메일	book@sallimbooks.com

ISBN	978-89-522-2112-4　04080
	978-89-522-3549-7　04080 (세트)

※ 이 책은 살림지식총서 254 『음식 이야기』를 큰 글자로 만든 것입니다.
※ 이 책은 큰 글자가 읽기 편한 독자들을 위해 글자 크기 14포인트, 4×6배판으로 제작되었습니다.